心理カウンセリング序説

―心理学的支援法―

大山泰宏

JN112433

心理カウンセリング序説 （'21）

©2021　大山泰宏

装丁・ブックデザイン：畑中　猛

o-39

まえがき

　「心理カウンセリング序説」は，放送大学の心理学科目の中でも，歴史が長いものである。これまで何度か改訂を重ねつつ，カウンセリングの基礎を詳しく丁寧に説いたものであった。主任講師は，長年大場登・元教授が務めていた。

　このたび，本科目は，まったく新しく刷新されることとなった。副題に「心理学的支援法」と付いたことからも分かるように，学部段階での公認心理師養成カリキュラムの科目のひとつとなった。それに伴い，心理カウンセリングという営みをその中心に据えながらも，コミュニティアプローチや危機介入まで含んだ，心理学的支援の広がりを講じることとなった。含めるべき内容の詳細も，定められた学習項目を含み標準シラバスを参照したものとならざるをえなくなった。

　そのような中，これまでの本科目のコンセプトとテイストを，どれだけ残して引き継いでいくことができるかが，大きな課題であった。いかなる心理学的支援であれ，その中心にはカウンセリングがある。心理学的支援が，人が人に対しておこなう支援であるならば，そこには必ずコミュニケーションがあり，対話がある。そして何よりも，話を聴くということが揺るぎなく存在している。さらには，支援の対象となっている人や事象を，心理学的に理解するとともに，人間を理解し関わるということはどういうことであるのかを問い続けなければならないだろう。そうした基本を改めて自覚し書き記すことができるかどうかが，問われることとなった。

　心理学的支援という広大な領域を，主任講師である大山が一人で論じることは，明らかにその力量を超えるものであった。かといって，多様な支援のそれぞれを別々の者が担当したとしても一貫性を欠き，「カウンセリングを中心に据える」というコンセプトは，雲散霧消してしまうであろう。本書では，放送大学大学院臨床心理学プログラムに新しく着任した橋本朋広教授と波田野茂幸准教授に，それぞれ分担をお願いした。両氏と私は，ほぼ同じ頃に臨床心理学・心理療法のトレーニングを受け，そのエートスとでもいうものを共有している。臨床心理学あるいは心理臨床，さらには臨

4

床心理士の職能というものが，自明なものではなく，それはいったいどういうものかを自覚的に問い続け作り上げていかねばならなかった時期である。今，公認心理師という資格が立ち上がり，その職能が定義される中，もう一度臨床とは何かということを，私たち3人が共通に真剣に問いかけていることが，科目制作の過程で見えてきた。そうした私たちの問いかけが，形となった書物である。

　大山が名義上は主任講師となっているが，実際の科目の内容の企画や実質化においては，橋本教授，波田野准教授の多大な尽力があった。橋本は心理カウンセリングの実践的側面と深層心理学的な方法論と人間理解について，波田野はコミュニティ支援や危機介入をはじめ心理学的支援の広がりについて，大山は理論的基盤やコミュニケーションの基礎について，それぞれの強みを活かしながら分担して担当した。本来であれば3人が主任講師として名を連ねるべきところである。

　本書の成立において，ペースメーカーとして私たちに伴走し，細やかな編集作業の労をとってくださった編集者の小野美絵子さんには，この場を借りて御礼を申し上げたい。また，初校の隅々まで丁寧に目を通し，実に適切な示唆をくださった，フレンドリーアドバイス担当の匿名の先生にも，心より感謝申し上げたい。本書に込めた私どもの願いをしっかりと理解してくださったうえで，「初学者にも熟練の学習者にも，その人の習熟度に応じて理解の深化が可能となる優れた内容だ」と評していただいたことは，何より嬉しく励みとなるものであった。

　新しい多様な心理学的支援法が華々しく展開していく近年の心理学界において，本書はもしかすると，古色蒼然とした印象を与えるかもしれない。しかしそれは，臨床のフィールドに根ざした土台を作っていくために，敢えて私たちが読者諸氏に問いかけたいものである。そして何より，臨床心理士や公認心理師をはじめとする心理職を志す人々に鍛え抜いてもらいたいと私たちが願う基礎である。今回の改訂からテレビ科目となった放送教材も併せて，ぜひ学びを進めていっていただきたい。

2020年10月
執筆者を代表して　大山泰宏

目次

1 | イントロダクション
：心理学的支援の全体

大山泰宏

《**目標＆ポイント**》 心理学的支援が展開される領域とその形について概説する。心理学的支援には，個人療法から集団療法さらにはコミュニティ支援などさまざまな形がある。また，それが展開される領域も，保健医療，教育，司法矯正をはじめ多様である。しかしいずれにおいても，「人と関わる」という意味での共通性があり，その関わりの中心には，「カウンセリング」が位置する。このことについて論じたい。
《**キーワード**》 心理学的支援，心理カウンセリング，心理療法，対人支援，生物－心理－社会モデル

1．心理学的支援とは

（1）心理学的支援という発想

　人間は「心」をもっている。「心」がどこあるのか，それはどのようなものなのか，はっきりと示すことができるわけではないが，私たちは「心」ということを日常の言葉の中でも使用し理解している。その心が生き生きと元気なときもあれば，さまざまな不調を示すこともある。心に対する支援は，その心が健康を保つように，あるいは成長していくように支援していくことである。

　心に対する支援は，必ずしも「心理学的支援」とは限らない。たとえば心が抑うつ状態に陥っていて支援が必要な場合，投薬が行われることもあるであろう。これは心に働きかけているのであるが，心理学的支援ではない。心の働きの基盤となっている生理学的な機序への作用を介し

た支援である。

　あるいは次のような例を考えてみよう。社会からずっと不当に扱われ，当然の人権を奪われているような状態に置かれ続けたら，心はやはり不調を示し心の健康が奪われる。その支援として社会的抑圧を解いていけば，心は生き生きとするであろう。これも心に間接的に働きかけてはいるが，心理学的支援ではない。心に影響を与えている社会・環境の調整・改善を通して，結果的に心の健康を取り戻すのである。

　はたまた次のような例もあろう。ある人の精神的不調が続いていて，その原因を誰かが祖先の霊の供養が十分でないからだと言ったとする。そして祖先の供養を丁寧にすると，精神的不調が治ったとする。実際にこのような例を聞くことは多い。この場合は，宗教や信念に基づく支援である。もちろん，心理学的な観点から見ると，そうした供養を行うことがその人を何かの心配事から解放し，結果的に心に働きかけているかもしれない。しかしながら，これも，心理学的支援ではない。

　このように心に対する支援であっても，心理学的支援ではないものがあり，それはそれで心に対する支援として有効で大切なものである。では，心理学的支援とはどのようなものであろうか。心理学的支援とは，心に対して直接に働きかける支援のことである。しかし心は目に見えない。臓器のように具体的なモノとして存在したり，取り出したりすることができるわけではない。心というのは，ひとつの仮定された存在である。私たちが人間について知ろうとするときに，あるいは日常的な言葉の使い方やものの考え方の中で，その存在を前提として説明したり考えたりすることが理解をもたらすような，そうした仮定物である。

　ではどうしたら，そうした仮定物に働きかけることができるのであろうか。そのために用いられるのが，心理学的なモデルである。心理学はその歴史を通じて，先人たちが心に関するさまざまなモデルを提唱し，

そしてそれが研究され，あるいは心理療法などの実践の中で彫琢され，心に関する概念とモデルが発展してきた。心理学的支援とは，こうした心理学的な心のモデルを用いて，心を理解し，それに対して直接に働きかける支援のことである。

（2）人が人に対して行う支援

　ここでもう少し考えてみよう。心理学的な概念を使って心に働きかければ，それすなわち心理学的支援となりうるであろうか。たとえば，AI（人工知能）に，心理学的支援は可能だろうか。心理学的な概念を学習させ，プログラムを組めば，AIは心理学的支援ができるのであろうか。

　このことは，コンピュータの登場のときから議論されていた話題である。ワイゼンバウム（Weizenbaum, 1966）が考案したELIZAというシステムは，キーボードとモニターを介しての文字でのやりとりではあるが，人間が入力する会話文に対して，コンピュータがセラピストらしい応答を返すものであった。ELIZAと「対話」すると，それなりに人間の側は，自分の気持ちについて自覚したり省察したりといったプロセスが動いた。しかし，ELIZAの原理は簡単で，人間が入力した文の中から適当に単語を拾って，それをロジャーズ派の応答パターンに当てはめて返しているというものである。しばらくやりとりを続けていると，やはり不自然でちぐはぐな感じがしてくることは否めない。あるいは，近年発達のめざましい音声入力による検索システムではどうであろうか。それに対して，検索を頼むのではなく，ジョークを言ったり問いかけをしてみても，なかなか気の利いた答えが返ってきて，それなりに遊べる。しかし，果たしてこちらの悩みに沿って答えてくれたり，心情を推察してくれたりするであろうか。

　こうしたシステムや，あるいはしばらく前に流行したロボット犬など
が，人間の対話相手になったり，自己省察の支えとなったりするために
は，使用する側の人間が，それらのシステムに「思い入れている」こと
が必要である。すなわち，それが自分の相手になりうるという思いを寄
せている，自分に応答してくれる存在であると仮定していることが必要
である。別の言い方をすれば，それらが人格的存在であることを想定し
ているということである。そうではなく，はなから機械だと思っている
のであるのなら，省察のプロセスは進展しないであろう。

　このことから，対象者が心理学的支援を求める「相手」は人であると
いうことが前提となっていることがわかるであろう。今後身の回りの世
話や介護といったものを，機械やAIが代替していくことは，十分に考
えられるであろう。しかしAIや機械に，自分の心の支援までも委ねる
ということは，今後もおよそ考えられない。もしそれが可能であるとし
たら，十分にそれが人間らしく，人間と思い込んでしまうぐらいでなけ
ればならないだろうが，その場合もやはり，「人」が基準となっている
のである。このように心理学的支援とは，人が人に対して求める支援な
のである。

　このように心理学的支援は，被支援者の側から見ると，人に対して求
める支援である。これと同時に，支援する側も人でなければ成り立たな
いということについても述べてみたい。私たちは他者に関わっていくと
きには，実に多くの情報を瞬時に選択し処理しそれらを統合するとい
う，実に複雑なことを行っている。これは専門家ではなおさらではあ
る。人間のように軽やかに歩行したり走ったりするような，二足歩行ロ
ボットはなかなか実現できないが，それは歩行ということには，実に多
くの情報処理が関わっているからである。足の裏から敏感に繊細に感覚
を感じ取り，視覚情報，重力の情報などを処理するばかりでなく，一歩

一歩を踏み出すたびに変化する自分の姿勢や筋肉からの情報などなど，実に膨大な情報を瞬時に処理しているのである。

　これと同じことが，人が人に関わるときにもいえる。相手の表情や声の調子，姿勢などの非言語的な情報，言語情報などなど，実に膨大で複雑な情報を受け取り，それを処理・統合し，相手に対する関わりを行っている。そこには，自分自身がどのようなコミュニケーションを相手に発しているのかといったことに関する情報も含まれるであろう。私たちが普通に日常的に行っていることにさえ，これほど複雑な要素が含まれている。これに加えて，専門的な支援では，これまでの両者の関わりに関する情報，被支援者が置かれている状況に関する情報など，必要な情報は，果てしなく多くなる。そうした膨大な情報を瞬時に処理し統合することは，少なくとも現在のところ，機械やAIが私たち人間にとって代わることはできないものである。こうして，相手を理解する上で，私たちが感じ取りそれを総合していく機能こそ，私たちが「心」と呼ぶものである。すなわち心理学的支援とは，人が人に対して心を使って，そしてその人の心に対して働きかける支援なのである。

2．心理学的支援とカウンセリング

（1）カウンセリングということ

　ここまで，心理学的支援について述べてきた。しかし心理学的支援とは，この科目の副題に掲げられている言葉であって，本題は心理カウンセリングである。心理学的支援と心理カウンセリングとは，どんな関係にあるのだろうか。

　心理学的支援は，人が人に対して行うものであると述べたが，では心理学の専門的知識を身につければ，誰でも心理学的支援ができるかというと，そうでもない。心理学的な知識をたくさんもっている人は，確か

に相手を心理学的に理解はできるであろう。その人に相談相手になってもらうと，それなりに気がついたり示唆されたりするところがあるかもしれない。しかしながら，臨床心理士をはじめとするカウンセリングの専門家が提供する支援は，やはりそれとはひと味もふた味も違っていることは，心理の専門家のもとを訪れたことがある人であれば，誰もが感じたことがあるだろう。そこでは何が異なるのであろうか。ここで重要になってくるのが，心理学的な知識をもっているかどうかということではなく，それをどのように利用しどのように関わっていくのかという，実践的な側面である。ここにこそ，心理学的支援の中で「カウンセリング」に関する知識と技能と態度が関わってくる。

　カウンセリングとは，もともとは教育の分野から出てきた営みである。クライアント（来談者）の話をしっかりと聴き，その人が成長していくよう支援していくための，専門的な関わりのことである。カウンセリングの役割には，困りごとや悩みの解決ということも含まれるが，中心となるのは直接にその困りごとを除去したり悩みにアドバイスを与えたりするという解決の仕方ではない。もちろん何よりクライアントを護るために，そうしたことが緊急に必要になることはあるが，それだけではカウンセリングではない。カウンセリングは，そのような困りごとや悩みに向かい合い，考え，そこを生き抜いていくことに寄り添っていくことで，クライアントが自ら解決の力をつけていったり，その体験を通して成長していったりすることを支援することである。

　カウンセリングがどのようなものか，その専門性に関しては次章以降で詳しく述べることになるが，ここでは当面，カウンセリングは傾聴と対話を基本としているということを確認しておこう。要するに，相手の話をしっかりと聴いて，こちらの心に浮かんでくることを伝え，そしてさらに相手の話を聴いて，対話を進めていくということである。簡単な

ことのようであるが，実はここに専門性がある。話を聴くというのは，
私たちの行為である。車を運転する，楽器を演奏するなど，いかなる行
為もそうであるが，それが上達するにはトレーニングが必要である。話
を聴くということは日常では誰もが行っていることではあるが，これが
カウンセリングとして専門性をもつには，やはり専門的な聴き方が必要
であり，そのためのトレーニングも必要となる。また対話ということに
関しても，単に思ったことを相手に伝えればよいというものでもない。
相手の話を聴いてどんなことを思い浮かべるのか，どのように理解する
のかというところに，専門性があり，またそれをどのように伝えていく
のかということに関しても，専門性がある。このように，カウンセリン
グにおいては，知識をもつということだけでなく，相手との関係性の中
でそれを実践し，その技能を発揮していくという側面があり，そのため
のトレーニングも必要なのである。こうしたカウンセリングの専門性の
要素こそが，心理学的支援が成立していく上では重要なものである。

（2）カウンセリングの定義：心理療法と対比して

　ここでカウンセリング（counseling）と心理療法（psychotherapy）
の異同について少し説明しておかねばなるまい。これら2つの言葉は，
相互互換的に，すなわちほとんど同じ意味をもつ言葉として使用される
ことが多い。いずれも，クライアントの悩みや困りごとの解決のために
行われる心理学的支援というイメージである。しかしながら，心理学的
支援の多様性について理解するためには，これらの差異についても理解
しておくほうがよいであろう。カウンセリングは先述したように，教育
分野から出てきたものであり，個人の発達や成長を支援していくもの，
そのために個人個人に合わせた個別の支援を行っていくものというニュ
アンスがもともとある。これに対して心理療法は，セラピーという言葉

が入っているように，正常な状態や健康な状態が損なわれた対象を治療していくというニュアンスがある。もちろん治療といっても，単にもとの状態に修復するのではなく，よりよく機能していくように変化をもたらしていくこともある。

　このようなニュアンスの違いから，心理の専門家が同じことをやっていたとしても，学校などの教育分野では，それはカウンセリングと呼ばれることが多い。スクールカウンセリングとはいうが，スクール心理療法とはいわない。対して，医療の分野では，カウンセリングという言葉も使われるが心理療法という言葉も使われることが多くなる。

　では本書の表題にある「心理カウンセリング」とは，どの位置にあるのか。この言葉は，カウンセリングと心理療法の両方の意味をもつものであると考えていただきたい。カウンセリングはその教育的側面が強くなると，アドバイスやコーチングのような性質を帯びてくる。一方心理療法もその医学的側面が強くなると異常や逸脱の修正や修復という治療的ニュアンスが強くなる。本科目における心理カウンセリングという言葉は，その両者のあいだに位置しつつ，心理療法とカウンセリングとが交わる両方の領域に関わり，その両方の専門性を深めていくものであると定義したい。

3．心理学的支援の領域と多様性

　心理学的支援は，カウンセリングを基本としているということを述べた。カウンセリングというと，個人と個人で行われるようなイメージがあるかもしれない。しかし，相手に対して最大限の配慮をもちつつ傾聴し，対話を行うことで，心を使って心に対して支援をしていくことは，個人だけにはとどまらない。支援の領域は多様であることを述べてみよう。

（1）学派の多様性

　私たちが心を理解し心に関わっていくときには，モデルを使用していることはすでに述べた。心に関するモデルは，私たちが日常的に直感的に把握しているようなものから，専門的なものまである。日常的で直感的なモデルとは，日々の人間関係の中で使用している，心に関する推論や理解である。相手がいつになく機嫌が悪かったら，「何かあったのかな」，「自分が何か気づかないうちに悪いことをしてしまったかな」などと思うであろう。すなわちここでは，人が機嫌が悪くなるには，何かその原因があって，それはその人が経験したことと関連しているという，モデルを用いて理解しようとしているのである。しかしながら実は，その人はもともと気分にムラがあって，経験に関係なく定期的に機嫌が悪くなるのかもしれない。そういったモデルも可能である。さらに心理学的にモデルを立てて理解するならば，その人は機嫌が悪くなっている自分を演じて見せることで相手からのケアを引き出そうとしているのだろうとか，自分では認めたくない自分に存在する性質を誰かになすりつけて非難する「投射」の機制によって怒っているのだとか，はたまた，超自我が強すぎるのだとか，カインコンプレックスに囚われているのだとか，いろいろなモデルでの説明がありうるだろう。心理学的支援は，そうしたモデルの違いによって，心の機序の理解の仕方が異なるので，当然のことながら介入の仕方も異なってくる。このように<u>心理学的支援は多様でありうる</u>。

　心理学的支援は，まさにそのモデルの数だけ存在するといってもよい。詳しい説明は後の章で行うが，その人間観や心に対する考え方で大別すると，大きく分けて力動的アプローチ，行動的アプローチ，システムズアプローチの3つが考えられる。力動的アプローチでは，心をいくつかの比較的独立した機能の組み合わせとしてモデル化して，その機能

間の力学的関係で心の働きを考えるというモデルに依拠している。たとえば，心を意識と無意識に分けて考えるというのは，力動的アプローチにおいては共通性のきわめて高い基本的なモデルである。行動的アプローチでは，力動的アプローチと異なって，心の要素という実体を仮定しない。そうではなく，環境に対する特定の反応のパターンの集積として人間の行動を説明し，そのパターンあるいはパターンどうしの結びつきを変容させていくことで心理学的支援を行うというものである。システムズアプローチとは，心理学的介入を行うべき問題の特定と介入を，個人ではなくその個人をとりまくシステム（たとえば家族やクラス集団など）を含めて行う方法である。すなわち，個人が呈する問題行動等は，その個人をとりまく人々とのコミュニケーションのパターンや力関係等が原因となって，反復され固定化されたものとして考えられるのである。

（2）支援の対象の多様性

　心理学的支援のモデルが多様であるばかりでなく，それが展開される対象も個人から複数の個人，さらにはグループや地域（コミュニティ）まで，さまざまである。

　個人に対して行う心理学的支援は，最もイメージしやすいであろう。セラピストとクライアントが一対一で関わって，展開される支援である。面接室の中での心理カウンセリングをイメージしてもらうとよい。集団に対する心理学的支援とは，グループに対して働きかけ介入して，グループの力動を変化させ，そこにいる個人の心にも変化をもたらすような方法である。たとえば，エンカウンターグループ，自助グループなどのグループ，精神科デイケアなどである。さらには，家族もひとつの「集団」である。家族を同席させ，そのコミュニケーションや力動的関

係のあり方に対して介入するシステムズアプローチは，グループに対する支援のひとつであるといえる。

　地域（コミュニティ）に対する支援はどのようなものであろうか。グループと比較して，コミュニティとは，その成員の数や規模において大きくなるが，そればかりではない。グループは自然発生的な自発的集団であることが多いが，コミュニティには制度や規範が存在している。さらにはコミュニティの中に，サブグループが存在していたりと，その仕組みも複雑となる。したがってグループに介入するときとはまた異なった支援のあり方が必要となる。そのコミュニティの中の誰を対象者として支援するのか方略を考えたり，カウンセリングだけではなく心理教育を行ったりするといったことも必要となるかもしれない。

　このように，心理学的支援の対象は，個人ばかりでなく，グループ，（地域）コミュニティと，多様な位相に広がり，かつその支援の方法も多様となるのである。

（3）心理学的支援の位置づけ

　本章では冒頭で心理学的支援を，心に対して心を使って働きかける支援であると定義した。最後にこのことに立ち戻って，対人支援の中での心理学的支援の位置づけについて再考してみよう。

　心に働きかける支援というものが，心に直接働きかけるものばかりでなく，精神科治療薬のように生物学的な基礎に働きかけるものがあり，また社会改革運動のように個人のエンパワーメントを目指すものがあるという支援の多様性の事実の中に，心理学的支援を位置づけて考えなければならない。心理学的支援は，そのような心に対する複数の支援の方法の中のひとつである。そして，心理学的支援は，そうした支援と関連し結びつきつつ行われるものであることを，私たちは意識しておくべき

であろう。

　現在，対人支援において「生物－心理－社会モデル（biopsychosocial model）」というものを念頭においた支援の必要性が強調されている。これは，システム論者のエンゲル（Engel, G.）から提唱されたものである（Engel, 1977）。生物，心理，社会といった3層は，それぞれが深く関連しているものであると同時に，それぞれの層が他の層には還元されえない独自性をもっていることについて説明したい。

　「心」という現象には，必ずそれに対応する生物学的な基盤がある。人間の思考や感情には，必ずそれに対応する神経系統・中枢神経の働きがあり，そこには，何らかの神経伝達物質が関与している。一方，人間は社会的なコンテクストや文化の中に生きている存在であり，社会的な位置づけから個々人の心の動きや振る舞いは影響を受けている。あるいは，「心」やパーソナリティの形成は，人との関わりや文化的環境といった，社会の中で行われるものである。このように，「心」ということを考えるにしても，よりミクロには神経系統機序といった生物学的側面との関連を念頭に置き，よりマクロには心の置かれるコンテクストといった社会的側面も含めて，総体的に考えていく必要がある。

　「生物－心理－社会」という3つの層のそれぞれの仕組みや働きは，それぞれの層がどれか別の層に還元できてしまうわけではないということが重要である。心理は生物学的基盤の上に成り立っており，生物学的基盤がなければ「心」は存在しないにしても，心の現象のすべてを生物学的基盤で説明できるわけではない。コンピュータのソフトウェアの動きを，ハードウェアの仕組みだけからは説明しきれないのと同じである。また社会や文化は，人の心理によってのみ説明できるものでなければ，ましてや，神経伝達物質によって説明できるものではない。

　個人が「心」に関する支援を受けるとき，生物－心理－社会の3層か

らの支援を並行して受けることは多い。たとえば，うつで休職して精神科医療の支援を受けている人の場合を考えてみよう。その場合，何らかの精神科治療薬が処方され（生物的レベル），心理士からカウンセリングを受け（心理レベル），心理士や主治医から家族や会社の上司に本人のサポートの仕方が伝えられ（社会レベル），またときには精神保健福祉士や社会福祉士から福祉的サポートについて支援してもらうかもしれない。このように，支援の総体の中で，心理学的支援がどのように位置づき，他の支援とどのような関係をもっているかということを常に意識しておく必要があろう。

　3つの層での統合的な支援をイメージしておかねばならないということは，まさに人間という存在がこの3つの層で存在しているという事態に関わることである。その意味では，支援者は常に支援の対象者の存在の全体としてのあり方を心に留めておかねばならない。そして心理職は，「生物－心理－社会」の真ん中に位置する「心理」に関わる職能であるがゆえに，他の層での支援をつないでいく役割も担っていることにも留意すべきである。すなわち，支援対象者の心に，自分の心を使って関わっていく中で，対象者が受けているそれぞれの層での支援が対象者自身にとってどのような関係にあるかということを常に見極めつつ，それらを対象者自身が総合し調和させていくことを支援していくことが必要なのである。これこそが，対象者の全存在を考慮した支援であるといえる。

　本科目は，こうした多様で多層にわたる心理学的支援ということの全体を考慮し，それらの一つひとつを描きだしながらも，心に対する支援を中心においた記述を行うこととする。対象者の存在にとって，心理学的支援はどのような意味があるのか，「心理カウンセリング」としての意義と本質を常に念頭に置きながら，展開していきたい。

引用・参考文献 ▌

土居 健郎（1997）．方法としての面接　医学書院

Engel, G. L. (1977). The need for a new medical model : a challenge for biomedicine. *Science.* 196 (4286), 129-36.

Weizenbaum, J. (1966). ELIZA—a computer program for the study of natural language communication between man and machine. *Communications of the ACM.* 9, 36-45.

2 | コミュニケーションと傾聴
－表現の多様な位相－

大山泰宏

《**目標＆ポイント**》 カウンセリングの基本は，相手の話を聴くこと，適切な
コミュニケーションを展開することであり，これはいかなる支援，いかなる
学派においても共通することである。クライアントが身体レベルから言語レ
ベルまでさまざまな位相で表現することを「聴く」とき，どのようなことが生
じているのか，そして支援者はどんなことに留意すべきなのかについて講じる。
《**キーワード**》 表現の位相，傾聴，身体，共鳴，非言語的コミュニケーション

1．表現の多相性

　生命あるものは活動している。そしてその活動は，他の生命と関わり
ながら，影響を与えながら，あるいは影響を受けながら，存在してい
る。こうしてひとつの生命の活動は，他の生命にとっての何らかの意味
をもつものとして受け止められ，またときには，他の生命にとって意味
をもつものであるように形作られる。こうした，生命の営みのことを表
現と呼ぼう。

　「表現」をこのように定義づけるのは，日常的な語感からいうと奇異
にうつるかもしれない。表現といえば普通は，私たち人間が意図をもっ
て行う芸術活動に関するきわめて高度な営みであると考えられているか
らである。絵画での表現，音楽での表現，文学での表現などなどである。
そうした表現は，私たちの心に訴えかけてくるものがある。しかしなが
ら，誰かが悲しみのあまり叫び声を上げたり，不安のあまり腹痛でのた
うち回ったりしている姿を見ても，私たちの心には同様に強く訴えかけ

てくるものがある。これらもひとつの表現であるといえないだろうか。

　心理カウンセリングの中でセラピストは，クライアントの「表現」に耳を傾けようとする。その表現はまさに，クライアントが悩んだり苦しんだり，あるいは成長しようとしていく上で表れてくるものである。その意味では症状もひとつの表現である。何かを訴えている表現であり，関係性の中で発せられるものである。それに対してセラピストは，耳を傾けることが必要となる。本章では，このように表現ということを，「私たちの生命の営みが，関係の中で顕われ出でて，解釈され理解されるもの」として，考えていこう。

（1）身体，行動の位相での表現

　私たちの表現はどのような位相でなされているのであろうか。私たちの生命（フロイトならこれを Trieb〈欲動〉というであろう）が，どのように何を通して表現されるのかということである。伊藤（2007）は，これを心理化・身体化・行動化・象徴化という4つの次元で考えている。これを踏まえつつ，本章ではさらに，表現の位相を，1. 身体レベル，2. 行動レベル，3. 感情レベル，4. イメージレベル，5. 象徴レベル，6. 言語レベル，7. ナラティヴレベル，の7つの層で整理する（図2-1）。

　まずは，私たちの表現の最も基盤層にある身体レベル，行動レベル，感情レベルでの表現について考えてみよう。

　たとえば，「怒り」ということの表現について考えてみたい。握りこぶしを机にぶつけることで怒りを出す（表現する）とき，これは，行動レベルでの怒りの表出である。「怒り」という感情としても認識できないような怒りは，こうした表現となるであろう。あるいは，怒りという感情の表現が許されない状況や関係性の中では，そのような表現とならざるを得ないであろう。では，こうした行動レベルでの表出も許されな

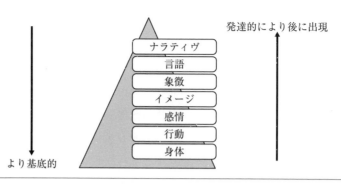

発達的により後に出現

ナラティヴ
言語
象徴
イメージ
感情
行動
身体

より基底的

図2-1　表現の位相についてのモデル図

いような状況であるとどうなるか。その場合は，身体レベルで表現されることとなる。すなわち，胃潰瘍や大腸炎などなど，さまざまな身体症状として現れてくるであろう。まさに体が悲鳴を上げるのである。

　私たちの存在にとって身体は，最も基本的なものである。私たちは生まれたとき，身体によってまず存在する。そしてこの身体によって，外界や他者とさまざまに相互作用を行い，そこから心が発達してくる。身体とはその意味で，最も根源的であり最も未分化な表現を行うものである。身体による表現に対して私たちは身体的なケアを提供することはできる。身体的なケアを行ったとしても，そこには必ず何らかの情緒的なケアや人間関係が含まれるので，それらの位相における癒しも期待はできる。しかしながら，身体レベルでの表現は，本人はそれを扱ったり理解したりするのが難しい。むしろままならぬ厄介な身体症状に振り回されるであろう。身体で表現される症状に対して直接に心理カウンセリングを行うことは，なかなか難しい。

　身体症状でしか表現できないような状況ではなく，もう少し表現が許されるような関係性の中では，行動レベルで表現される。いわゆる行動化と呼ばれるものである。「怒り」の場合であれば，暴力を振るったり，

器物破損をしたり，あるいは自傷行為などがその例である。行動自体の是非は別として，そうした行為は何かを変えようという能動性を含んでいることに着目したい。たとえばプレイセラピーの中で，心身症を主訴としていた子どもが，セラピーが進展していくと，暴言を吐いたり暴力的になったりということは，よくあることである。むやみにそれを制止したり，処罰したりといったことは，あまり解決にならない。もし行動化を制止するのであれば，その怒りを心で扱えるように支援していくことが必要である。行動化による表現は，身体化されるしかない表現よりは一歩進んでいるとはいえるが，やはりこれは周囲も本人も困ることであり，心理的な作業ができるようにしていくことが必要なのである。

　身体化と行動化とのあいだにあるものとして，転換性障害という表現の在り方について言及しておこう。これは以前は転換性ヒステリーと呼ばれていたが，現在のDSM-5（精神疾患の診断・統計マニュアル第5版）では，このような名称となっている。転換性障害というのは，心の事情が身体の感覚や運動の機能の障害として表現されるものである。代表的なものに，歩行障害，視野狭窄，難聴などがある。これらの症状が出ていても，器質的には（すなわちその器官や身体部位自体には）何の問題もないが，その機能に障害があるものである。これは身体部位の器質的なところに障害が現れていた心身症とは異なる表現の在り方である。かといって，行動レベルでのような表出にも至らず，ちょうど身体化と行動化との中間的な形態である。転換性障害の場合，それは決して詐病ではない。詐病ではなく，ひとつの表現の形として受け止めることが必要である。

（2）感情の位相での表現

　身体化でもなく，行動化よりも，もっと心理的な次元を使った表現に

なると，それは感情による表現となる。感情というのは，基本的には他者との関係性の中に布置されるものである。行動と異なって感情の表出は，それ自体では適応的な行動ではない。落石に対して逃げるという行動は適応的で状況を変えるが，腰が抜けて座り込んで悲鳴を上げるというのは，何ら適応的ではない。子どもが転んですぐに起き上がれば，これは生存可能性を高めるが，起き上がる前に突っ伏したまま泣くというのは，そのままでは生存に有利でない。生存可能性が高まるのは，それが他者に訴え，他者の助けを引き出すときである。感情の表現というのはしたがって，他者との関係の中に置かれ，他者にそれが受け取られる期待が前提となっているものである。

　感情による表現は，しかしながら，行動による表現と同じく破壊的に働いてしまう場合もある。怒りの表出は，相手にも怒りを引き起こすかもしれない。あるいは疎まれて孤立を引き起こすかもしれない。感情による表現を他者が適切に受け止めて，そこから相互作用・相互調節を展開していくことができるような支援が必要である。

（3）スターンの自己感との関連から

　表現の位相に関しては，スターン（Stern, D. N.）の自己感の概念を参照すると，さらに理解しやすく，理解も深まる。スターンは，乳幼児が体験する「自己」に関する感覚を，発達の順に，新生自己感，中核自己感，主観的自己感，言語的自己感に分けて考えた（Stern, 1985）（図2-2）。これに則して，「表現」を理解してみよう。

① 新生自己感と身体

　新生自己感（sense of an emergent self）は，誕生後から2か月までの子どもに支配的な自己感だという。すなわち，まだ首も据わらず，運動がほとんどできない状態のときである。だからこそ新生児は，あらゆ

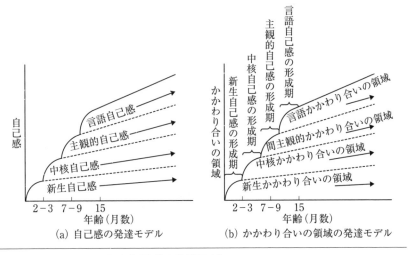

図 2-2　スターンによる自己感の発達モデル
(Stern, 1985/小此木・丸田，1989)

る感覚を使いながら外界の出来事を感じ取り，それらのつながりを理解
しようとしている。耳から聞こえるもの，嗅覚，視覚，皮膚感覚，内臓
の感覚，抱っこされたり動かされたりしたときに感じ取る重力の感覚
（体性感覚）などである。私たちの身体の統一性の感覚をもたらすのが
体性感覚であるが，さまざまな感覚はそこに集約して書き込まれ互いに
関連づけられ知覚される。このときの知覚は無様式知覚（amodal per-
ception）と呼ばれ，異なる様式の感覚どうしのあいだでの結びつきが
ある。たとえば，聴覚と視覚とはそれぞれが別々の感覚様式であり，
別々の感覚世界を開いているが，「黄色い声」という言葉があるように，
聴覚の世界は視覚のそれに変換されうる。擬態語，擬音語などもそうで
ある。視覚的な「ギザギザ」が音の「ギザギザ」と表現されるように。
乳幼児のこの時期の感覚は，想像するしかないが，外からの感覚も内側
からの感覚も，いろいろな感覚が入り交じって，内と外との区別もない
ような世界であろう。

　身体レベルでの表現とは，まさにこの新生自己感の位相での表現である。心理的なものと身体によるものは区別されず，行動というものがないところでの身体的な受け止めや変化である。

②　中核自己感と行動

　次の中核自己感（sense of a core self）は，2 か月以降から 6 か月までの子どもに支配的な自己感である。この時期の乳幼児は，首が据わり体幹が固まってきて，正中線（体の左右を分ける体軸）を中心にしてモノを操作したりつかんだりすることができるようになる。まだ座位もおぼつかなく，姿勢転換やハイハイこそできないが，運動（行動）ができるようになるのである。そうすると，モノに接触することで，自分の身体と外界との界面（境界）というものが，次第に認識される。ふかふかの布団に寝ているときは，自分の背中を感じないが，固い布団では背中を感じるのと同じ理屈である。こうして，外界と自己との区別（差異化），そして体幹がしっかりしてきたがゆえ，体性感覚での統合が可能となり，自己の身体の統一感がもたらされる。このことで，自分の核となるような，物理的に外界と隔てられた自己感が得られるのである。

　中核自己感は，行動レベルでの表現に対応する。行動するということは，自己を空間の中で移動させることであり，外界に働きかけることであり，そこでは自己と外界との区別，外界に散らばっていないでひとまとまりになった境界をもった自己感が必要である。

③　主観的自己感と情動表現

　次の主観的自己感（sense of subjective self）は，6 か月以降 1 歳半頃までの子どもに育ってくる自己感である。6 か月頃となると，子どもは他者との積極的な情緒的交流を始める。自分から養育者等に情緒的に働きかけ，他者からの応答があることでますます情緒的な反応が強くなること（例：あやすと笑うなど）は，3 か月ぐらいの「社会的微笑」の段階で

見られる。しかし 6 か月を過ぎる頃からの相互交流は，さらにアクティヴであり多様性に富んだものとなる。養育者等からの働きかけに応答して笑い，はしゃぎすぎることを養育者が制止すると声を潜め，なだめると安心したような表情をする，というように，互いが互いに応答し調節しあうような，一連の情緒的変化の起伏と流れがある。それはまるで，ジャズの即興のセッションのようなものである。こうしたやりとりを通して子どもは，自分の情緒を他者の応答の中に意味づけ，評価するようになる。養育者等からネガティヴな応答があった情緒に対しては，否定的で抑止すべきものであると位置づけ，ポジティヴな応答があったものに対しては，肯定的に位置づけ，ますますそれが促進されるようになる。

　主観的自己感は，スターン自身によって後に「間主観的自己感（sense of intersubjective self）」と呼ばれるようになった。「間主観的」と呼ばれるゆえんは，その自己感の在り方が，乳幼児という個の側だけにあるのではなく，他者との関係性の中で培われ意味づけられていくからであり，まさに両者のあいだにあるからである。感情というものは，他者との関係においてこそその適応的意義をもつことをすでに述べたが，まさにそのことと関連している。間主観的自己感は，感情レベルでの表現に対応していることから，後述するように，心理カウンセリングにおける感情の表出に関しては，間主観的な観点から理解し関わることが必要である。

2．イメージの位相と象徴の位相

　感情による表現の位相の次には，イメージの位相と象徴の位相とが定位されるであろう。イメージと象徴，この 2 つは相互に互換的に，あるいは非常に近い意味をもつものとして扱われることが多いが，この 2 つを区別して考えることは，心理カウンセリングに多くの示唆をもたらしてくれるので，ここで詳しく取り上げて論じてみたい。

（1）イメージの位相

　発達的にみるとイメージの機能は，延滞模倣が生じるあたりから働いていると考えられる。模倣は，対人的相互交流で重要なものである。新生児にも見られる「舌だし模倣」のような共鳴，子どもが自発的に行ったことを大人が真似をするとそれを子どももう一度繰り返す模倣（循環模倣），大人が行ったことをすぐに真似する模倣（即時模倣）が出現したあと，子どもは大人が行ったことを時間をおいて真似をすることができるようになる。早くて6か月ぐらいから観察され，1歳半あたりで盛んに見られる。大人が知らないうちに子どもが母親の口紅を顔に塗っていたり，髪をとかすのを真似る動作をするというのがその例である。こうした模倣は，すでに真似すべき動作やモデルは，目前にはいない。したがって，その模倣は内的に保存された記憶に従ってなされているものである。また，こうしたことができるためには，モデルの身体像と自己の身体像との対応関係を理解していなければできない。自分の顔を見ることはできないが，モデルとなる母親の唇に対応する部分は自分の顔のどこに位置しているかを理解している必要があり，櫛を入れる頭髪がどこにあるかを理解している必要がある。また，自分が操作するモノと自分の身体とを関係づけて理解していなければならない。このように，延滞模倣が可能となるには自己の身体イメージが成立していなければならず，また，目で見たモデルの視覚的イメージも保存されていなければならず，しかもそれらの対応関係も理解していなければならないのである。

　こうしたことから延滞模倣ができるときには，イメージの世界が成立しているということがいえる（これが，ラカン〈Lacan, J.〉がいうところの鏡像段階に対応するものである）。ほかにも，子どもにイメージの世界が成立していることがわかるのは，次のような観察である。コップで飲む真似をしたり，おもちゃのリンゴを食べる真似をするという簡単

な「フリ遊び」は，やはり延滞模倣が行われる1歳半ぐらいから見られる。積み木や木切れを「デンシャ」として動かす遊びは，それより少し遅いが2歳ぐらいからである。これらは，イメージによる遊びであって，正確な意味での「象徴遊び」ではない。イメージの位相では，そのような行為を行っているときには，まさにそのイメージの世界に没頭している。つまり，現実の実在の世界と，イメージの世界との区別というものがなされていないのである。後述するが，それが象徴による遊びとなるときには，現実の世界とイメージの世界とは区別され，その上で両者は再び結びつけられているのである。

　イメージの世界に居るということがどういうことなのかは，たとえば自閉スペクトラム症の子どもの電車遊びを見てみるとよい。玩具の電車で遊ぶとき，とてもリアルな効果音を出しながら，床に這いつくばって電車と同じ目線の高さとなり，電車の玩具を動かしているとき，その子は電車の世界と一体になっている。電車が走っているイメージの中にいる。この状態のとき，大人が突然電車を取り上げたら，子どもはパニックとなる。電車の玩具を取り上げられることは，彼の電車のイメージそのものを取り上げられ奪われてしまうことになるからである。あるいは，子どもの頃に虐待を受けて育ってきたクライアントとの心理カウンセリングの例を考えてみてもよいかもしれない。面接回数を重ねて，だんだんとセラピストに対する信頼感が築かれて，気持ちを寄せることができるようになり，毎回のセッションが終わるのがつらくなってくる。時には，取り乱したりパニックを起こしたりすることも出てくる。というのも，まさに親から見捨てられた体験を，セッションが終わるとき再体験しているのである。目の前にいるセラピストは親ではない。その関係は親との関係ではない。しかし，クライアントのイメージの世界では，それは親との関係そのものとして体験されてしまっているのである。こ

れはまさに，現実の関係（セラピストとの関係）が，イメージの中の関係（親との関係）に覆い尽くされてしまっている，等価のものとなってしまっているということである。心の世界が外的世界を乗っ取ってしまった，あるいは心の世界と外の世界との区別がないともいえるであろう。このようなときには，クライアントに生じていることを解釈して伝えたり，言語化したりしても無駄である。まさにそのようなイメージの世界を生き抜いていくしかない。すなわち，そこで生じる感情や感覚を味わい，また次に会えるということを共に信頼し希望をつなぐのである。

（2）象徴の位相

　これに対して象徴の位相では，心の世界と外的な実在の世界とは区別される。自閉スペクトラム症の子どもがイメージの世界から象徴の世界に移行したとき，電車を動かすときの視点が変わる。床に這いつくばって電車と同じ目線の高さではなく，電車が走るところを上から俯瞰して動かすようになる。電車が駅に止まったり，乗客の会話が挿入されたりと，豊かなバリエーションが出てくる。片付けるときにパニックを起こしていたのに，ちゃんと「しまう」ことができるようになる。電車の玩具が目の前からなくなることがイメージの世界も奪い去ってしまうことではなく，心の中のイメージとして保っておくことができるようになっているのである。

　このとき，現実の実在世界の電車の玩具は，あくまでも玩具であるとわかっており，内的世界の電車のイメージとは区別され，しかし，両者が結びつけられている。電車の玩具は，電車のイメージを，表象（represent：再び〈re〉現前させる〈present〉）するものとなっているのである。このときにこそ象徴の世界が成立しており，「見立て」が成立しているのである。虐待を受けて育ったクライアントの例でも，クライア

ントは，セッションが終わるときに自分がどのような気持ちになるのか
を語ることができ，自分は親から見捨てられた体験を想起してしまうの
だと語ることができるようになる。これはその体験を今ここの場で再体
験してしまっていたのとは異なり，過去のこととして想起し，安心でき
信頼できる環境のもとで語れるようになる。

　このように，イメージと象徴を区別して考えることで，心理カウンセ
リングにおいてクライアントの心理的なありようを，より詳細に理解す
ることができるであろう。

3. 言語以降での表現の位相

（1）言語レベルの表現

　象徴レベルでの表現の次にあるのが，言語レベルでの表現である。言
語は象徴よりも，さらに一義的であり意味の輪郭（それぞれの区別）が
くっきりしたものである。心の中のイメージを，言語的に表現しようと
すると長ったらしくなってしまったり，どうしても表現しきれなかった
りするように，言語は象徴的表現と比べて，よりニュアンスに乏しくな
る。それだけに言語的に表現しようとすると，それなりに意識的に努力
をし，表現を構築しなければならないであろう。他者に理解してもらう
ような，自我の努力が必要となるであろう。

　言語は，単語が公共的にもつ意味，文法や統語法といった一定の規則
に従うものである。こうしたものを私たちは自分では作り出すことはで
きず，それに従わなければならない。象徴やイメージといったものは，
多義的な意味をもち，私たちがそれを作り出すことができるが，言語は
そうはいかないのである。こうして，言語レベルでの表現に至るときに
は，私たちの外側にある規則や法といったものを内在化して，それへの
従属のもとで言葉という部品を組み合わせて表現することが必要となる

のである。

　こうした社会的な制約性があり不自由な言語（しかし，それがゆえに共通性があり通用性がある伝達手段）であるが，これを使って「語る」ことにより，再び人間は自由度を獲得することになる。すなわち，話のもって行き方，順序だて，対比，順接や逆接などを使用し，語られる事象と事象とを結びつけて新たな意味を構成していく，いわゆるナラティヴとして展開されるのである。すなわちナラティヴレベルの位相での表現である。実際に言語で表現できるようになるということは，言語化できるだけでなく，こうしてナラティヴ化できるという位相も含めていることとなる。

　言語とナラティヴの位相での表現は，私たちのこころから離れた自由度をもつ。それがゆえに，言語表現をしていくということが，そのように自己を言葉で語るということを通して，自己の新しい可能性や意志を開くこともある。しかし同時に，それまでのイメージやシンボルまでの位相から乖離してしまうこともある。要するに，心にもないことを言ったり，あるいは心にもないことを自分の本当の気持ちだと思い込んだりしてしまうこともあるということである。

（2）位相をつなぐということ

　心理カウンセリングを求めてセラピストのもとを訪れるクライアントは，すでにナラティヴの位相での表現を獲得している人たちである。しかしながら，そうしたレベルでの表現に落とし込んでいくことができない内的な「もやもや」が，身体の位相で表現されたり，行動の位相で表現されたり，感情の位相で表現されたりしているのである。あるいは，実生活がイメージの位相で覆い尽くされてしまっているかもしれない。そしてそれらをどう扱ったらよいのか，周囲も本人も苦慮するとき，そ

れは，症状や問題行動として扱われることととなる。

　心理カウンセリングが心理カウンセリングとして成立するためには，そうした症状や問題として表現されているものが，「心」を使って扱えるようにならなければならない。心的内容として扱うことができるようにならなければならない。「心」を使って扱えるとは，ちょうどイメージの位相と象徴の位相との両方が含まれるような次元で体験することができるということである。そして，そうしたイメージと象徴を，セラピストとクライアントとのあいだで，コミュニケーションにより共有していくことである。

　しかしながら，相手の心の中のイメージや象徴といったものは，まさに自分とは別個の他者の内的な事象であるがゆえに，直接には共有できないものである。心理カウンセリングでは，どのようにしたら，そこでの交流が可能なのであろうか。心理カウンセリングでは，セラピストとクライアントは，お互いの身体が見える位置に座す。それは対面であったり，机をはさんで90度に座ったりと，部屋のセッティングやオリエンテーションによって多様たりうるが，いずれにしても，相手の身体を感じ取る距離でいるのである。人と人とが同じ空間に共在していると，それだけでも，相互作用は展開しうる。無意識のうちに相手の姿勢と同じ姿勢をとっていたり，呼吸のリズムが合ってきたりする。こうしたところに，相手の身体を感じ取っているのである。熟練したセラピストであれば，目の前に座っているクライアントの身体の在り方を即座に感じとって，クライアントが最もリラックスして心が自由になるように，セラピスト自身の姿勢や座り方を調整している。緊張が高いクライアントであれば，少しリラックスして座るであろう。かといって，あまりにもリラックスした座り方であれば，ぞんざいな印象を与えてしまうであろう。あるいは逆に，横柄で開きすぎている座り方のクライアントに対しては，少し節度があ

り背筋を伸ばすような座り方をするかもしれない。このように，身体の
レベルで基本的な会い方の構えとして姿勢を作っているのである。

　さらには，そうして身体で感じ取ったものを，セラピストは感情化し
たりイメージ化したりする。クライアントを前にして，その言葉を聴き
ながら連想していくとき，その連想の展開には，身体を通して感じ取っ
ているものが影響を与えるであろう。言語レベルで聴き取ったことのニュ
アンスがよくわからないとき，そのときのセラピストが感じ取った身体
の感覚を参照すると，はっきりと伝わってくるかもしれない。あるい
は，言葉で言われていることと，身体とで感じ取ることに不一致を感じ
取ることで，クライアントの葛藤や深い悲しみが理解できるかもしれな
い。もちろんそのときには，身体レベルだけではなく，語られることの
情緒的なニュアンスを感じ取っているのかもしれない。そして，セラピ
ストは，イメージのレベルで理解したことを，言語化して伝えていくの
である。こうして，セラピストがクライアントに一歩先んじて，身体レ
ベルから言語レベルまでの「風通し」をよくすることが，クライアントが，
まさに表現の位相間の風通しをよくすることにつながっていくのであ
る。これこそが「傾聴」という事態であり，そこから，心理的な次元で
仕事を行っていく可能性が開けてくる。

引用・参考文献

石谷　真一（2007）．自己と関係性の発達心理学——乳幼児発達研究の知見を臨床に
　　生かす——　培風館

伊藤　良子（2007）．感情と心理臨床——今日の社会状況をめぐって——　藤田　和
　　生（編）　感情科学（pp. 307-330）　京都大学学術出版会

Stern, D.N.（1985）．*The Interpersonal World of the Infant : a view from psycho-
　　analysis and developmental psychology.* Basic Books.（小此木　啓吾・丸田　俊彦
　　（監訳）　神庭　靖子・神庭　重信（訳）（1989）．乳児の対人世界——理論編——
　　岩崎学術出版社）

3 | 共感と理解

| 大山泰宏

《**目標＆ポイント**》　共感と理解は，カウンセリングにおいて最も大切なものだといわれる。しかし，それらが本当のところどんなものであるかを考え始めると，実はさまざまに難しい問題がある。共感と理解とはどのようなものなのか，カウンセリングの進展においてどのように作用するのかということについて考察する。
《**キーワード**》　共鳴，共感，共視，ラポール，治療同盟，ロジャーズの三原則，中立性と匿名性，理解，洞察

1．共感

（1）共鳴という事態

　第2章では，セラピストが身体を通してクライアントの身体からの表現を感得し，それをイメージと象徴の位相につなげていくことの必要性について述べた。実際にカウンセリングの場面でセラピストの身体が，クライアントの身体に呼応していることを示す研究結果もある。桑原（2010）および長岡他（2011）は，インテーク面接（初回面接）のロールプレイ場面の映像を分析した結果，セラピスト自身が高評価を行った事例（セラピストがカウンセリングがうまくできたと感じたロールプレイ事例）では，クライアントの身体的動作のおよそ0.5秒後に，セラピストの身体的動作があたかも共鳴するように生じていることを見いだした。こうした「動作」は，セラピスト本人はまったく意識していない，そして観察者からもほとんどわからないような微細な動きであるが，確

かに身体は反応しているのである。

　同時に桑原と長岡他は，高評価のロールプレイ事例では，通常の会話より沈黙の時間が多いこと，とりわけクライアントの発話と発話のあいだ，すなわちクライアントがしゃべっているときの「間（ま）」の時間が多いことを示している。このようにカウンセリングにおいては，言葉にならずとも伝わってくるもの，相互にコミュニケーションが展開している位相があるのは確かなことであり，それはカウンセリングの対話を下支えしているのである。

　セラピストは，こうした交流の位相を通して全身全霊を傾けて，沈黙のあいだもクライアントの「心」を感じ取ろうとしている。しかし，それでクライアントの心のありようのすべてが理解できるわけではない。言葉にして語られてはじめて伝わることもある。あるいは，身体で感じ取られることと語られたこととの対比を通して理解が深まることもある。そもそも，語っていないのにセラピストにすべてがわかられてしまうとしたら，クライアントは理解してもらえたという安心感ではなく，内面が伝わってしまうことの不安を感じてしまうであろう。自分の心が漏れ出てしまう恐怖を感じるであろう。

（2）共鳴から共感へ

　しかし実際には（あるいは幸いなことには），クライアントとセラピストは他者どうしであり，別々の歴史性をもち物理的にも身体によって隔てられた存在であるがゆえに，セラピストにはクライアントの気持ちや考えをすぐには感じ取ることができないことも多い。その場合には，クライアントが言語で表現することや語ることを通して，理解していくことになる。このようにクライアントのことをセラピストはすぐにはわからないということがあるからこそ，カウンセリングにおける展開が生

まれてくる。

　第2章で述べた身体，行動，感情の位相という，人間の発達の上でも
きわめて早期に成立する表現は，私たちの意識的なコントロールを超え
て，あるいは意識による把握を超えて動いている。またそれにより，人
と人の結びつき（個が分化する以前のつながりのようなもの）が可能と
なっている。相手の緊張が伝わってくること，微笑み合うこと，もらい
泣きなどなど，こうした形で相手のこころが伝わってくることを，「共
鳴（resonance）」と呼ぼう。共鳴では，相手の心の揺れが伝わってき
て，こちらの心もそれに共振して揺れるのである。しかし，セラピスト
がクライアントの心の揺れに，そのままぴったりと波長を合わせて共振
するだけでは，決してセラピュティックには働かない。たとえば，怪我
をして大泣きしている子どもの心の揺れに合わせて，小児科医が同じよ
うに揺れたら，子どもの不安や主観的な痛みを増幅させるだけであろ
う。そうではなく，いったんその驚きや揺れを引き受けながらも，余裕
をもって適切な関わり・処置へと誘っていくことが必要である。こうし
たことは，単に共振したり「共揺れ」したりするだけではなしえないこ
とである。

　そうした余裕はどこから来るのであろうか。それは，多くの治療に関
わってきた経験かもしれない，医学に関する適切な知識かもしれない，
傷は癒えていくのだという信頼感と希望かもしれない。いわゆる，「今
ここ」での共振だけではなく，「今ここ」ではない経験や記憶や信念な
どがそこに結びつくことで，余裕は生まれるであろう。これこそが「共
感（empathy）」と呼ばれる事態である。

　共感において，相手と私は確かに隔てられている。しかし相手の心の
揺れを，「私事（わたくしごと）であるかのように」感得することである。
そして私事として感じ取るためには，知識であったり，記憶であったり，

概念であったり，そうした心の層が必要であり，そして何よりも相手の
ことを想う想像力が必要なものである。20 世紀初頭，哲学者のフッサー
ル（Husserl, E.）は，なぜ私たちは他者と身体が物理的に隔てられるのに，
他者の痛みや心の揺れを感じ取れるのかという問いから「共感」について
考察した。そして，それは，「あたかも私がそこにいるかのように（Wenn
Ich dort wäre）」「想い入れて感情を移し入れること（Einfühlung）」と
いう，能動的な営みであると考えた（Husserl, 1950/2001）。その後，哲
学では共感論に関しては多くの展開があるが，フッサールのこの考え
は，最も初期のものでありながら，カウンセリングにおける共感の在り
方を考える上で示唆するところが大きい論である。そこでは，私とあな
たとの区別が前提となっている。そして能動的で積極的な営みであるこ
とが前提となっている。相手の心の動きに巻き込まれて自他の区別がな
くなってしまうような状態ではなく，自と他は区別されていながら，能
動的に相手の側に身を置こうとすることなのである。

　そこには，私はあなたの代わりにはなれない，あなたの苦しみを私が
代わりに苦しむことはできないという，悲しみがあることにも着目して
おきたい。自分の子どもが重い病気で苦しんでいるとき，できれば代
わってあげたいと親は思うであろう。しかし，子どもの苦しみを自分が
引き受けて肩代わりすることはできない。同じようには苦しめない自分
を苦しむのみである。それは物理的に隔てられた身体をもつがゆえの宿
命である。だが，同じように苦しめないからこそ，そこには相手を支え
ていく可能性と希望も生まれるのかもしれない。その傍らにいて，苦し
みの中に参入しつつ，肩代わりできない自分を苦しみつつ，しかし自分
は自分としてしっかりと立っておくこと，共に居ようと決意して側に居
続けること，その在り方こそが，苦しみの只中にいる人にとっては支え
となる面もあるのである。

（3）共視

　ここまで説明してきた共感の在り方では，図3-1の左に示すように，セラピストとクライアントとがface to faceで向かい合っているような位置どりを前提としていた。すなわち，相手と向かい合い，相手の内面や内的体験を理解しようとするものであった。しかしながら，カウンセリング場面では，これとは構造的に異なった共感の在り方をとることが多々ある。

　たとえば，箱庭療法の場面を考えてみよう。クライアントが箱庭を制作しているとき，セラピストは，箱庭を作っているクライアントに向かい合っているわけではない。クライアントのほうも，セラピストに向かい合っているわけではない。クライアントは，箱庭に向かい，セラピストもその展開していく箱庭を見ているのである。ここでは，図3-1の右側のような位置取りとなっている。すなわち，クライアントとセラピストの両者が，横並び（side by side）になって，共に何かに眼差しを向けているという関係性である。こうして両者が共に，展開されていく箱庭のイメージを味わうのである。

　こうした関係性は，実は箱庭療法ばかりでなく，カウンセリングにおいて非常に多く出現している。横並びの関係とは，空間的にそのような

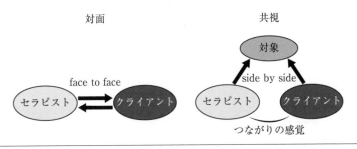

図3-1　対面の関係（face to face）と共視（side by side）の関係の対比

関係にあるということのみではない。心理的にもそのような関係にある
ことも含む。物理的には対面の位置取りでセラピストとクライアントと
が対話していても，両者共にクライアントが語る事柄に対して思いを巡
らせ，それを（心で）眺めるような位置取りであれば，それも横並びの
関係性である。

　このように横並びの関係で何かに共に眼差しを向けるときの共感の様
相は，対面で相手の内面を推測するような共感の在り方とは，本質的に
異なる。精神分析家の北山修は，このような関係を「共視」と名付けて
いる。北山（2005）は，日本の浮世絵に描かれている母子像と，西洋絵
画の母子像とを見比べて，日本の浮世絵では母親と子どもとが，共に何
かに眼差しを向けている構図が半分ほどあるのに，西洋の母子像では1
割にも満たないということを見いだした。そしてこの共視という在り方
を，日本の文化における共感の在り方の特徴として論じている。この関
係性は，コミュニケーションの発達における三項関係もしくは共同注視
（joint attention）に対応する。そこでは，母子が横並びで2者のつなが
りの感覚をもちつつ，共に同じ対象（第3のもの）に眼差しを向け，そ
れぞれの感じ方や体験を言語や情緒で交換しあうことで，コミュニケー
ションと言語が発達していくのである。共通した対象に眼差しを向けつ
つ，そこには，それぞれの眼差しからの捉え方があり，しかし共通する
ものもあり，差異と共通性が響き合い心が豊かに育っていくのである。

　こうした共感の在り方は，これまで述べてきた，相手と自分が別々の
人間であるという個別性を前提として，相手のことを想像して思い入れ
るような共感の在り方とは，明らかに異なっている。また，相手の感情
や苦しみが伝わってきて共揺れするような同情や共鳴とも異なってい
る。相手にわかってもらえたり，相手と融合しているから支えられると
いうのではなく，共にそのことを見つめてくれているから支えられると

いう関係である。

2．セラピストの態度

（1）ラポールと治療同盟

　それでは，カウンセリングの場面において，セラピストの「共感」という事態はどのように形成され展開していくのであろうか。共感は共鳴や同情とは異なって，セラピストの側の能動的で積極的な関わりが必要であるが，それだけでは生じない。セラピストの関わりに対してクライアントも応答して，セラピストとの関係性の中に参入していくことが必要である。クライアントの側が，固く心を閉ざしたままであったら，いくらセラピストが能動的に関与しようと，相互交流の中に入っていくことはできないであろう。

　カウンセリングが可能になるような，セラピストとクライアントの情緒的なつながりは，ラポール（rapport）と呼ばれる。ラポールはもともとは催眠由来の用語で，被術者（催眠を受ける人）が施術者（催眠をかける人）に対してもつ信頼感や情緒的交流，両者のあいだに成立している十分な信頼関係のことである。現在の力動的心理療法やカウンセリングは，催眠から発展してきたものであるが（第8章参照），考え方や技法はその頃から大きく変化してきている。しかし，現在でもカウンセリングや心理療法のあらゆる学派においてラポールは，セラピストがクライアントとのあいだに形成するよう，まずもって努めるべきものとして位置づけられている。

　ラポールが形成されてこそクライアントが，自分をありのままに開いていっても大丈夫であるという感覚をもち，カウンセリングが進展していくことができる。ではこのラポールの形成に影響する要因には，どのようなものがあるであろうか。そこにはセラピストの側の情緒的な，あ

るいは身体共鳴レベルでの微細な応答性があるかもしれない。滲み出ている人柄かもしれない。クライアントに安心感を与え自己の探究へ誘うような温かい態度かもしれない。あるいはクライアントがもっているカウンセリングへの期待かもしれない。ラポールが形成され維持されていくことを支える要因は，カウンセリングのプロセスの進展の中でも刻々と変化していく。初期の頃は，情緒的に肯定的に支えられるということが，クライアントにとって大切かもしれないが，だんだん慣れて安心感をもつようになると，それだけでは物足りなくなるであろう。探究に向けての励ましや気づきの体験を得ることなどが大切となってくる。

　ラポールに支えられて結ばれる，クライアントとセラピストとが共同して問題に向けて努力していこうとする心理的な絆が，治療同盟（therapeutic alliance）と呼ばれるものである。治療同盟という概念自体は，フロイトが精神分析を始めた時以来，重要視されてきたものである。近年の心理療法のプロセスや効果に関する系統的な研究からは，治療同盟は，①治療目標についての合意，②どのようなことをやっていくかに関する合意，③お互いの肯定的感情から作り上げられる心理的な絆，という3つの要素（Ardito & Rabellino, 2011）からなっており，これがカウンセリングや心理療法が成功するか否かに大きな影響を与えているといわれている。

（2）ロジャーズの三原則

　現在のカウンセリングの方法論に大きな影響を与えたロジャーズ（Rogers, C. R.）（第10章参照）は，カウンセリングにおいてクライアントのパーソナリティ（人格）の変化が始まるための条件をいくつか挙げている（Rogers, 1957）が，その中でもセラピストの態度や心構えについて言及しているものが，いわゆる「ロジャーズの三原則」として知

られている。

　まずロジャーズは，クライアントの状態を以下のように定式化する。すなわちクライアントは，「そのように実際にある自分（自己の体験）」と「そのようだと思っている，あるいはそうあるべきだと思っている自分（自己の概念）」という 2 つの自己のあいだに不一致の状態（incongruence）があり，これが悩みや苦しみを引き起こしたり，クライアントの成長変化を阻害しているというのである。すなわちクライアントは，自分の本当の気持ちや，本当の在り方に気づくことができておらず，それを否定してしまっているというのである。したがってカウンセリングの目標（結果）は，クライアントの自己の体験と自己の概念とが一致すること，すなわち，ありのままの自分を感じ取り認める状態になることとした。この状態になれるとクライアントは，自分自身の潜在的な力を開花させ十全に機能させる（自己実現できる）というのである。

　そうした在り方にあるクライアントに対してカウンセリングを行う上で，セラピストは，まず「自己一致（congruent）」しておかねばならない。これが第一の条件である。すなわち，セラピスト自身が感じ取っている体験と，自分が意識して考えていることとが一致しておかねばならない。これはセラピストの基本的な自己の在り方であると同時に，クライアントの話を聴く一瞬一瞬において，そのような在り方であり続けることが大切である。すなわち，カウンセリングの場で感じ取っている感覚に自分が気づいていること，そしてクライアントに対して返す言葉などのアクションが，それに一致しておくことである。これはセラピストが真正（authentic）であり，純粋（genuine）であるということだともいえる。こうしてセラピストが，「体験している自己」と「自己に対する概念」とが一致した状態であり続けることが支えとなり，クライアントの側でもそれら 2 つの自己が一致していくことへと結びつくのであ

る。

　この自己一致と関連し，第二の条件として「無条件の肯定的（積極的）関心（unconditional positive regard）」が挙げられる。これは，クライアントの在り方，クライアントが語ることに対して，これが良いとか悪いとか条件づけをせずに，積極的で肯定的な関心を向け続けることである。自己一致が心の状態だとしたら，無条件の肯定的関心とはセラピストの態度であるといえよう。クライアントが思わず言ってしまったこと，自己の真の在り方であるのに自分では認められていない感情や思いなどを，セラピストが関心を示して認めてくれることが，クライアントの自己の構造の不一致の状態を解消していくのにつながるというのである。

　そして第三の条件が，「共感的理解（empathic understanding）」である。これはその時その時に，クライアントが感じていることを正確に繊細に感じ取る能力のことである。ロジャーズは empathy ということを，「他者の内的フレーム（参照枠）を感じ取ること（to perceive the internal frame of reference of another）」と述べている。その時その時の「今ここ」で表出されるクライアントの感情は多様であり，時には矛盾したものであったりするであろう。それに対して一つひとつにバラバラに添うだけでは，それは共鳴ではあっても共感ではない。そうした多様な，そして時には矛盾するような感情が生まれてくる，その一貫した内的なその人の枠組みについて，感得しておくことなのである。これは第1節で述べたような積極的で能動的で，かつ安定した共感の在り方とも共通するものである。

　ロジャーズの以上のような条件が揃う状態にあると，パーソナリティの変容の過程が自ずと始まっていくというのである。この3つはそれぞれが相互に関連し合い影響し合って成立する。いってみればこれら3つ

は，相手をひとりの人間として尊重し信頼するということに集約される
ともいえる。相手の感情や思いは荒唐無稽ではなく，理解不可能でもな
く，理解できるという信頼のもとで関わりを深めていくことである。こ
うした条件は確かにカウンセリングに限らず，普通の人間関係において
も訪れるものである。しかしそれは不安定であり，日常的な利害関係の
中では長続きさせるのは難しい。そうした信頼関係を安定して提供でき
るということが，カウンセリングという特殊な場の意義であり，セラピ
ストの専門性とトレーニングに関わることである。

（3）中立性と匿名性

　クライアントが，カウンセリングにおいて体験する感情や思いを自由
に表出できるための，もうひとつの大切な条件について述べたい。クラ
イアントは，セラピストが設定した治療構造の中に入ってくるわけであ
るが，それを単に受動的に体験しているのではない。そこがどんな場所
であるのか，これまでの自分の経験や知識に基づいて能動的に意味づけ
構造化しようとしている。以前受けたカウンセリングのイメージを投影
しているかもしれない，テレビで視たカウンセリングのイメージと重ね
ているかもしれない。あるいはセラピストを，中学校のときの社会の先
生に似ていると思っているかもしれない。なんとなく怖そうな人だと
思っているかもしれない。このように，カウンセリングの場そしてセラ
ピストという初めて出会う人に対して，これまでの経験を動員して意味
づけようとしている。

　このようにセラピストに対してクライアントの側の自由な想像が働く
ということが，実はカウンセリングが進展していく上で重要な前提とな
る。目の前にいるセラピストとの関係の中に，これまでのその人の対人
関係が持ち込まれることで，カウンセリングの中でそのことについて扱

うことができ，クライアントは自分がもっている対人関係の基本的な表象やパターンに気づいていくことができるからである。セラピストに対してクライアントの自由な想像が働くために，セラピストが守るべき2つの大原則として，中立性（neutrality）と匿名性（anonymity）がある。この2つの原則は，セラピストを特定の個人というよりも，セラピストとして機能していくようにする上で，大切なものである。

　まず中立性の原則から説明しておこう。個人は誰でも，特定の好みや価値観，政治的意見などをもっているものである。しかし中立性の原則においては，セラピストはそれをいったん括弧に括って，自分の心を公平な状態に保っておかねばならない。そして，自分の価値観や意見，信条などをクライアントに対して表明したりクライアントを評価したりすることは控えねばならない。中立性の状態が保たれることでクライアントは，自由に連想を展開し自由に自己を表明することができるばかりでなく，セラピストのほうもカウンセリングの中で進展していく微細な変化を繊細に捉えることができるのである。この原則は，ロジャーズの原則の中の「無条件の肯定的関心」にもつながる。

　匿名性の原則とは，セラピスト自身が自分の個人的な情報をできるだけ開示しないでおくという原則である。独身なのか既婚なのか，どこの出身なのか，どんな趣味をもっているのかなど，そうした自分の色合いを出すことなくいることで，クライアントが自由な想像をして，心の中のイメージを投影しやすくなるというものである。また，クライアントがセラピストの背景を知ったり個人の姿が見えたりすると，時によってはクライアントはセラピストを助けなければならないと思ったり，遠慮するようになってしまうかもしれない。そうなると，援助－被援助関係が逆転してしまったり，クライアントは自由な表明ができなくなってしまったりするのである。

　中立性・匿名性の原則は確かに必要なものであるが，これが行きすぎると，かえってクライアントの自由な想像を奪ってしまうこともある。あまりにもセラピストが秘密主義に映ってしまうと，クライアントの側に不信感が生じるであろう。自由の想像が働くには，心の自由度が必要である。セラピストが自己開示することに防衛的になったり，中立性・匿名性を頑なに遵守しようとすると，クライアントの心の自由度を制約してしまい，自由な想像が働かなくなる危険性もある。また面接過程の中では，セラピストならどう思うかと，クライアントが真剣に問いかけてくることがある。世の中に大きな災害や事件があったときなど，面接の中でそのことが話題になったら，セラピストも自分の意見や心情を表明せざるを得ないこともある。セラピストという役割（あるいは隠れ蓑）の向こうにいるだけでなく，ひとりの人間としてどう思いどう感じるかということが問われることもあり，そうしたことが生じたときには，セラピーの重要な転回点であることが多い。

　中立性・匿名性の原則をどう実践してどう考えていくかは，実に複雑で繊細な問題をはらんでおり，セラピストとクライアントの関係性の根本に関わることであり，カウンセリングの過程では，そのことの意味に対して心を開いて常に問いかけておくことが必要である。

3．理解

(1) 理解の難しさ

　クライアントが語ることに共感できるためには，クライアントが語ることを「理解」することが必要である。そしてこの理解が適切で深いものであればあるほど，共感は適切なものとなることであろう。

　しかしこの理解ということがどういうことかを考え始めると，意外に難しい問題が多く含まれていることがわかる。まず，理解することと，

（本当は理解できていないのに）理解できたと思い込むことは，どこが違うのだろうか。「理解している」，「理解してもらっている」という相互の感覚は，実はそうではないのだという事実が突きつけられるまでは，矛盾なく機能するのかもしれない。そもそも異なる人間どうしが完全に理解し合えるということはないだろうから，お互いが理解できたと思うことは，所詮は幻想なのかもしれない。かといって，本当は理解できていないのではないのかという疑念をもち続けては，不安が続き共感は成立しないであろう。

　理解できているのかどうかということは，客観的には証明のしようがない。それはむしろ，理解しているという安定状態よりも，理解できた，理解してもらった，という主観的感覚である。「理解できていなかった」ところから「理解できた（と思う）」ことへ移行することが重要なのである。すなわちそこには，2 人の関係性が変わったと，認識が変わったという，動きが伴っていることが大切であろう。

　そのためにはセラピストは，理解できたと思い込むのではなく，理解できているのだろうかということを，自己疑念や自己不信ではなく真摯な希望としてもち続けることが大切である。完全な理解など，他者とのあいだではありえず，理解はいつも不完全なものである。だからこそ，相手のことをもっと理解したい，わかりたいという，謙虚で真摯な望みをもつのである。そのために，セラピストは，クライアントに対して「問いかけ」を行い，クライアントから返ってくる応答を聴くことで，さらに理解を深めていく（「問いかけ」に関しては第 5 章参照）。

　自分が理解しているかどうかということに，セラピストが中立的で謙虚な態度をもち続けるのは，簡単なことのようで案外難しい。初心のうちは，自分の個人的な経験や価値観から理解しようとしたり，あるいは学んだばかりの心理学的な知識を当てはめて理解しようとしたりするで

あろう。だんだん経験を積んでくると今度は，過去に自分が経験した事
例や出会ったクライアントとのプロセスを当てはめて理解するように
なっていくことであろう。初心者であっても熟練者であっても，そこに
は落とし穴がある。また，理解できないという曖昧さに耐えられなかっ
たり，理解できないということが自分の無能さを証明しているような気
持ちになったり，理解していないと相手に悪いような気がしたりして，
理解しているんだと思い込んでしまうかもしれない。

　しかし「理解できない」ということが，その人の個別性・個人性を知
る上で重要な手がかりになることはよくある。クライアントのもってい
るなかなか理解しにくい感覚，不合理だけどついそう思ってしまってい
ることなど，「？」をつけたくなるようなところには，その人の心の中
の無意識的ないろいろな想いや考えなどが絡まった，ユング（Jung, C.
G.）がいうところのコンプレックスとでもいうべきものと関わっている
ことが多い。それはその人の個性であると同時に，個別的な誰にも理解
してもらえない苦しみに関わっているところである。そこを丁寧に聴い
ていくということが理解を進めていく上で大切となる。

（2）理解から洞察へ

　理解するといっても，そこにはいろいろな層の理解があろう。身体の
痛みが伝わってきて，こちらも苦しくなってしまうような理解もあるか
もしれない。「うんうん，わかるわかる，自分もそう」という理解もあ
るかもしれない。こうした理解は，理解というよりも共鳴に近いもので
あり，カウンセリング関係を含む人間関係を成立させる支えではある
が，これだけではカウンセリング的な理解ではない。

　××という概念に当てはめれば……，○○の実験結果からすれば……
という理解はどうであろうか。これは分類でありラベルを貼り付けて整

理することである。「診断」ということを行う上では，こうした理解が確かに必要である。すなわち，その特徴により分類して，それに伴う対処法を行うのである。しかし，これもカウンセリングの理解には遠いであろう。というのも，概念や分類を当てはめて理解することは，当方が有意味であるとみなしたものにこちらからの関わりを限定してしまうからである。カウンセリングの過程は，複雑で発見的な過程である。思いもしないような気づきや展開があることも多く，それこそがカウンセリングの進展に重要な意味をもつ。診断的理解は，ひとつの手がかりにはなるにしても，それがすべてではなく，やはり「わからない」ことに開かれておくことが必要である。

　精神分析家のビオン（Bion, W.）は，分析家に必要な態度として，「記憶なく，欲望なく，理解なく（Without memory, desire, or understanding）」ということを挙げている（Bion, 1967）。この態度を通してこそ，「知らないでいること」にもちこたえ，「事実」が直観されるというのである。「記憶なく」というのは，クライアント（ビオンの言葉では被分析家〈analysand〉）を，これまでの自分の臨床経験や学習から蓄積された知識等を，いま目の前にいるクライアントに結びつけて辻褄合わせをしてはならないという戒めである。「欲望なく」というのは，クライアントにこうあって欲しい，このようになって欲しいという独りよがりの願望を戒めるものである。「理解なく」というのは，こちらがもっている概念的な枠組みに性急にクライアントを当てはめて理解してしまうとすることを戒めるものである。

　この態度は，決してクライアントを「わかりたい，理解したい，知りたい」ということを放棄したり，コミットを浅くしたりすることではない。全身全霊でコミットしつつも，禁欲的な態度で望み，まさにいま目の前にいるクライアントに対して，そしてセラピストとクライアントと

のあいだで生起しつつあることに対して開かれておくことで，直感的な洞察（ひらめき〈insight〉）が得られる（訪れる）というのである。そうした洞察は，じわじわと訪れることもあれば，突然に雷に打たれたように訪れることもある。あるいは，手痛い失敗として思い知らされることもある。その形はさまざまであるが，そこには一様に「驚き」がある。理解するということは，こちらの理解の枠組みの中に事象を回収することではない。そうではなく，こちらの理解が変わる瞬間にこそ，理解が生成するのである。知らなかった自分にはっと気がつき目が覚めることに，理解があるのである。そしてその驚きとは，意外であるとか予想外であるとかいうことではなく，納得であり確信的なひらめきでなければならない。これまでの自分の経験や知というものが，それにより繋がるようなひらめきである。

　わかろうとすることを留保しわかることが訪れるということ，驚くと同時に納得するような理解が得られるということ，こうした矛盾の狭間にカウンセリングの理解と共感はある。ではそうした位相にセラピストがあり続けるためには，どのような専門性が必要となるのであろうか。後続の章ではそのことを具体的に論じていく。

引用・参考文献

Ardito, R.B. & Rabellino, D. (2011). Therapeutic alliance and outcome of psychotherapy：historical excursus, measurements, and prospects for research. *Frontiers in Psychology*, doi.org/10.3389/fpsyg.2011.00270

Bion, W. R. (1967). Notes on memory and desire. *Psychoanalytic Forum*, 2(3), 272-280.

フッサール, E.（著）, 浜渦 辰二（訳）(2001). デカルト的省察　岩波文庫

北山 修（編著）(2005). 共視論——母子像の心理学——　講談社選書メチエ

桑原　知子（2010）．カウンセリングで何が起こっているか――動詞でひもとく心理臨床――　日本評論社

長岡　千賀・小森　政嗣・桑原　知子・吉川　左紀子・大山　泰宏・渡部　幹・畑中　千紘（2011）．心理臨床初回面接の進行：非言語行動と発話の臨床的意味の分析を通した予備的研究，社会言語科学，14(1)，188-197.

Rogers, C. R. (1957). The necessary and sufficient conditions of therapeutic personality change. *Journal of Consulting Psychology,* 21(2), 95-103.

4 | 理解と見立て：インテーク面接

波田野茂幸

《**目標＆ポイント**》 心理面接では何らかの心理的な問題や葛藤を抱えている者が来談をする。その際，セラピストはクライアントとどのように出会い，クライアントについて見立て，心理学的理解をしていったらよいのかについて，セラピストとしての基本的な姿勢も含めて概説をする。

　また，心理職は面接室の中だけでの支援ではなく，地域に出向いた心理学的支援についても求められるようになってきている。そのような臨床心理学的地域援助の活動も含めて，面接のもち方やインテークの在り方について考えてみたい。

《**キーワード**》 インテーク面接，心理学的理解，アセスメント，見立て，セーフティネットワーク

1. 心理面接について

　日常生活の中で私たちは新たな人と出会う際に，相手がどのような人物であるのか，相手の様子をよく見ようとする。一般的に面接というと，そこには何かの目的があり，その意図を意識しながら相手について理解をしようと努めるであろう。面接とは文字通り，顔と顔を合わせて向き合うことで，相手の表情や雰囲気，仕草，態度といった言葉以外の情報も含めて相手についての理解を得る機会のことである。そのような多様な非言語的情報を手掛かりにし，相手から発せられた言葉の内容を関連させていきながら，相手の考えや気持ちについて推測したり判断をしたりしている。そこでは，面接を行う者だけが相手を見ているのでは

なく，相手からも同様に見られているという相互作用の中で面接過程は展開していく。

　心理面接においても同様であり，セラピストがどのような観点をもち，どのような態度でクライアントと接し，関わっていくのかによって，クライアントを観察する中で得られる情報や発言される内容は異なってくると考えられる。少なからず心理面接場面では，セラピスト自身の人間理解や対人理解の枠組みがあり，また，セラピストが日頃どのように人と向き合うかについての基本的姿勢や態度が表れてくる。その上で，クライアントについて，心理学的な枠組みに基づいた理解を深めていくことになる。

　永井（2013）は，心理面接において「①部分（問題や症状），②全体（人格や性格），③時間軸（過去・現在・未来），④家族と社会」の４つの視座から情報を得ていくことが，クライアントを理解していく際の大きな枠組みになると指摘している（次ページ図4-1）。

　その上で，この４つの視座について，「『見定め』『見分け』『見極め』『見渡し』『見通し』などを明確化する必要があり，そのための手がかりとなる視座を身につけることに専門性がある」と見立てについて述べている。そして，継続的な心理面接を行っていくためには，支援する側の「ポジショナリィ（立ち位置）」を自覚した上で，クライアントに接することや関わりをもつことが重要であると指摘している。

　個人心理療法においては，クライアントの内面である主観的世界に関わっていくが，そこでは，心理療法を行うセラピスト自身の内面も影響を受けることがある。そのため，心理療法を行うにあたって治療契約という現実枠を設定することで，両者の関係性を守る構造を作っていくのである。そのような枠組みを設定することで，クライアントは自らの内的体験について語ることができる。しかし，最近では社会的ニーズもあ

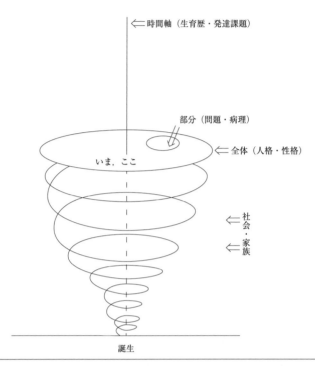

図 4-1　来談者理解の視座（永井，2005）
　　　出典：永井撤（2013）　心理面接の方法―見立てと心理支援の進め方　p. 6
　　　より

　り，心理職が地域に出向いて具体的な問題に対応することが求められる
ようになった。地域に出向いて面接を行う場合，二者関係を基盤とした
伝統的心理療法における面接構造とは設定が異なってくる。
　心理職のアウトリーチによる支援とは，危機場面や災害時支援のよう
に多職種との連携が求められる場合，あるいは，地域の援助資源となる
人たちと協働しながらセーフティネットワークを形成し支援にあたる場
合などがある。そのような支援場面では，さまざまな立場や役割をもつ

支援者と協働するため，社会的文脈も踏まえた枠組みを設定する必要が
でてくる。その中で，心理職は，自らが所属している組織がどのような
心理学的支援の目的をもち，社会的な役割を担っているのかについて自
覚し，支援者として現実的，社会的な立ち位置について意識する必要が
あるであろう。そうすることで，どのような状況があり，どのような条
件の中で面接を設定していけるかを検討できるようになる。そして，そ
れは，クライアントをどこまで支援できるかという点に関しても影響し
ていくと思われる。そのことも含めて，クライアントに対する「見立
て」がなされていく必要がある。

2.「インテーク面接」と「初回面接」の意味合い

　さて，心理療法やカウンセリングでは，面接のためにある設定を作
り，日常とは異なる場となるよう構造化する。セラピストは，さまざま
な事情や背景をもっているクライアントとある種の契約関係の中での出
会いをもつことになる。「ある種の契約」とは，心理学的支援を求めて
登場するクライアントのもっている主訴やニーズ，どのような支援を得
ていくことを目的に登場してきたのかによって異なってくる。有料の個
人開業臨床の場に継続した心理療法やカウンセリングを求めて登場する
のか，子どもが不登校になり，担任の教員より勧められて公的相談機関
を訪れたのか，医師より治療の一環として紹介を受けて来談することに
なったのかなど，クライアントが置かれている状況や条件によっても契
約の内容は変わってくる。また，セラピストとの出会い方も，先述した
ようにクライアントが来談し，訪れてくることによっての出会い方と，
学校におけるスクールカウンセリングのように，クライアントの生活に
近い場にセラピストが出向くことによって，出会いが生じてくるのとで
は，クライアントがセラピストに抱く感じ方は異なってくるのではない

かと考えられる。

　初回面接とインテーク面接，両者ともクライアントとセラピストが「初めて」出会うという意味合いが含まれている。しかし，どのような契約関係であるのか，相談機関の仕組みや相談を受けていく流れの中にどのように位置づいているのか，どのような目的をもった支援を行うのかによっても，現場においては2つの言葉の使われ方はやや異なっていると思われる。

　一般的にインテーク面接とは，「クライエントに対して行われる最初の面接であり，クライエントがどのような問題を抱えているのかを把握して，それに対してどのような援助が最適であるかを判断するために行う面接」(西田，2004)のことを意味している。インテーク (in-take) とは，英語で「受け入れる」，「摂取する」という意味があり，西田の説明と合わせて考えてみると，単純に「最初に行う面接」という以上の意味合いが込められている連想が湧いてくる。つまり，インテーク面接にはいくつかの観点が含まれており，面接を進めていく上で必要となるクライアントの情報について，聞き取っていかなくてはならない要素が含まれていると考えられる。

　西田 (2004) は，「インテーク面接においては，治療契約後に行われる治療面接に比べて，心理学的診断に重点が置かれ」ると述べている。つまり，インテーク面接をひとつのプロセスのように捉えると，アセスメントを主軸とした面接を行う段階から心理的ケアを行っていくために方針を検討してくための面接へと展開していくようにも捉えることができる。

　実際，クリニックなどの医療機関においては，インテーク面接のみを担当するインテーカーと，そのあとに心理療法やカウンセリングを担当するセラピストやカウンセラーが分けられている場合がある。このよう

な場合，インテーク面接を行うインテーカーは，「見立て」を作ってい
ける臨床経験を積んでいる者が担当する場合が多く，面接を通してクラ
イアントが訴える内容（主訴）について把握し，得られた内容に関して
整理を行い，心理検査などの段階に繋いでいく役割があると考えられ
る。したがって，このような場合のインテーク面接は，心理アセスメン
トの一部として位置づけられているといえるであろう。

　また，森（2015）は，ブリーフセラピーの立場から，クライアントの
モチベーションが最も高く，対応するセラピスト側にとっても他の回と
比べてクライアントに対する関心が高いと考えられる初回面接がセラ
ピーの効果が最も高いため，初回から積極的に介入を行うことが効率的
としている。インテーク面接の意義をどう位置づけるかについては，ど
のような原理に拠って立つ心理療法を行っていくかによっても異なって
くると考えられる。

　このようにさまざまな切り口があるが，本稿においては，心理療法や
カウンセリングの初学者を想定し，インテーク面接を通して，どのよう
にクライアントを心理学的に理解していくのかについて概説してみた
い。また，ここでは，インテーク面接後に継続的な心理面接を担当する
ことになったセラピストが，初めてクライアントに会う場面も想定に含
めて考えてみたい。関係性という観点からすると，「初めて」の出会い
という出発点は，クライアントにもセラピストにも意味があり，お互い
に影響を与えると考えるからである。

3．初回面接に至る前に

　初回面接とは，まさに「first contact」であり，クライアントとセラ
ピストとの出会いの始まり場面といえる。初めてクライアントと面接の
場で対面することが決まった時に，私たちは，どのようなことを連想

し，どのような出会いの場になることを想定し，クライアントを迎え入れていくために準備をして心構えをつくるであろうか。

　実際の臨床現場から考えてみると，多くの医療機関や相談機関では，クライアントとの初めての接触は対面によってではない。電話やメールなど，インテーク面接の予約受付をした上で，日時をあらかじめ決めて会う場合が多いのではないかと考えられる。

　つまり，葛藤や不安を抱え，場合によっては身体的不調もあるクライアントは，見知らぬ相手に対して，電話口で何をどのように伝えていったらよいか逡巡し，相談を申し込むためにようやく電話をかけてくるのかもしれない。クライアントと対面する以前に行う最初の電話でのやりとりが，クライアントからすると初めての相談機関との接触となるのである。クライアントからすれば，医療機関や相談機関と最初に接触を行った際のやりとりや応対を通してある印象をもち，利用をしていくか否かの判断をするのではないかと考えられる。

　一方，インテークを担当するセラピストは，電話受付やメールで把握された情報，その際に交わされたやりとりの様子も含めて，これから会う可能性をもつクライアントのイメージを作っていく。実際にインテークを担当するセラピストがインテーク受付の電話で応対することがある場合には，電話口での「クライアントの口調，テンポ，息遣い，間合いなどのやりとり」は，クライアントの現状を知る手掛かりとなると考えられる。

　つまり，両者とも対面による面接を行う以前に，限られた情報やその感触から相手への連想を抱き，あるイメージをもって面接場面にお互いが登場すると考えられる。

　このようにセラピストに対するあるイメージをクライアントがもって現れることを，セラピストは十分に意識しておく必要があると考える。

なぜなら今後，このクライアントとはどのような点に注意や配慮をしていったらよいかの示唆を得ることができ，信頼関係を形成していく上でも重要になるからである。そして，セラピストは，事前に与えられた情報からクライアント像に関して整理しておくことで，実際に会った時との印象に隔たりがあるのか，ぴったりくるのかというように，セラピストの実感を手掛かりにしながら，クライアントとどのように関係を築いていったらよいかを考えていく素材になると考えられる。

　ここで注意すべきことは，セラピスト自身も専門家である以前に，ひとりの人間として人と関わる際の意識やスタイルをもっているということである。セラピストも人付き合いの中で苦手な人もいれば，馴染みやすい人もいる。セラピストは，自らがどのような相手に，どのような関わりをもつ傾向があり，対人理解の枠組みや捉え方の傾向があるかということを知る必要がある。そのことは，面接を実施するにあたり，クライアントの内的世界にどのように関与でき，抱えていけるかという，自らの限界について客観的に意識し，理解ができているかどうかという点において，重要になってくるからである。

　心理面接はセラピストとクライアントとの相互作用の過程と先述したが，クライアントはセラピストとの関係性の中に，クライアント自身の心理的問題や葛藤を反映し，表現してくる。つまり，クライアントは，セラピストがクライアントの心情を抱えることが限界なのではないかと感じさせるような言動を投げかけてくる場合がある。そこには，合理的理由が認められることもあるが，クライアント自身の不安や怒りといった心理的テーマの表れである場合もある。継続的な面接過程においては，セラピストは自らの体験や実感を吟味しながら，このことを面接の中で取り上げていく。そのようなやりとりを通して，セラピストはクライアント自らが葛藤に直面し，気づきを得て，新たな可能性へ開かれて

いくように働きかけていくのである。そのように考えると，インテーク段階での面接であっても，セラピストは自らの関わり方とクライアントの反応について意識をしていくことは，クライアント理解の上でも重要と考えられる。

4．インテーク面接とは

インテーク面接の目的を端的に述べるとすれば，クライアントが訴える事柄（主訴）を丁寧に聞き取り，信頼関係を作り，治療的な関わりとなる関係性を作っていくことである。

しかし，インテーク面接をどのように実施しているかという構造とその目的によって，同様の言葉を使用していたとしても，意味合いに違いがあることに留意する必要がある。先述したように，継続面接を担当していく予定の面接担当者が，まったくの「初回」となる面接時からクライアントと出会うのか，そうではなく，インテーク面接は，インテーク面接のみを実施する担当者によるのかによって，その目的やもち方が異なってくる。つまり，インテーク面接が相談業務全体の流れの中でどのように位置づけられているかによって，インテーク面接実施者（以下，インテーカー）が，注意を払う範囲や内容が変わってくるからである。

医療機関や相談機関において，相談や継続的な面接の流れが設定されていて，インテークのみを担当するセラピストがその後の治療や支援に必要な情報を得ることを目的に，話を聞き取っていく場合がある。特に精神科領域の医療機関では，医師の診察の前に「予診」としてあらかじめ決められたフォーマットが用意されており，それに基づいて患者について背景となる「情報」について聞き取っていくという作業がある。予診は，若手の医師や心理職が行う場合が多く，その後の診察が円滑にいくように診察前に，あらかじめ確認しておきたい基本事項についての情

報を整理する目的がある。したがって，医師が診察を円滑に開始してい
けるように補助していく役割があると考えられる。

　しかしながら，臨床心理学におけるインテーク面接は，単にクライア
ントの背景や基本情報について得ていく作業ではない。限られたイン
テーク面接時間内ではあるが，その中で，なによりも，クライアントが
いま，この場で語りたいと思っている訴えについて，しっかりと傾聴し
ていくことを大切にする。つまり，クライアントが安心して語ることが
できたと感じるかどうかという点をきわめて重要視するのである。その
ことは，今後，面接を行う場合の両者の関係性に影響すると考えられる
からである。そして，クライアントの語りを聴いていく中で，セラピス
トは，クライアントが何を伝えようとしているのかについて考え，見立
てを作っていく役割がある。そのために，これまでクライアントが同様
の問題に対してどう対処してきたか，生活背景などについて聞き取っ
ていく作業をしていくのである。したがって，インテーク面接はある程
度の時間を要することも多い。実際の心理療法や心理学的支援を開始す
るにあたって，支援を行う側がクライアントの求めに応じていける可能
性があるかについて精査する作業があるからである。

　このようにインテーク面接では，その後の相談を当該機関において引
き受けていけるかどうかについて，できるだけ速やかな判断を行う必要
が出てくる。そのための素材を得ていくために，インテーカーは，医療
機関における予診での作業と同じように，クライアント理解に必要な背
景の情報について聞き取り，整理をしていく必要がある。インテーカー
がその後の面接をそのまま担当して行う場合も，別の担当者と交代する
場合であったとしても，インテーカーはクライアントからの情報を整理
しておく役割を担っている。

　また，インテーカーは限られた時間の中で，必要な情報についてクラ

イアントから聞き取っていく際は，クライアントの個人情報について配慮をもち，クライアントの語りやすさなども留意しながらインテーク面接を進めていく必要がある。クライアントが来談に至るまでにどのような事情があり，どのような思いをもってこの場に臨んでいるかについて考えを巡らせていく必要がある。クライアントについて確認したい事項がいくつか浮かんできた際には，優先順位を考えていくことも必要になる。質問をする際には，どのような問いかけをどのタイミングで行うかについても考え，この段階で聞き取っていくか，あとで確認していけるかなど，即時に判断する必要がある。なぜならば，インテーク面接では，まだその後の心理的ケアや心理学的支援に関して引き受けていく判断がなされていないわけで，継続的な相談が開始されてから聞き取っていける内容も含まれているからである。

　インテーク面接という場面は，クライアントからすると，セラピストからどのようなことを問われてくるか身構えつつ，どのように聞いて貰えるものかとセラピストを精査しようとする気持ちを抱く場面となる。インテーカーは，そのようなクライアントの状況を想像しながら関係を作り，自らの役割を果たしていく必要がある。そして，もし，インテーク面接において，クライアントと話し合った結果，クライアントにとって当該機関で心理面接を引き受けていくことは相応しくないという判断をセラピストが行った際には，そのことについて理由を含めて丁寧に説明をしていく。そして，その後の選択肢として，クライアントが検討できるような情報を提供することや，可能な範囲で他の相談機関などについて紹介をしていきたい。インテーカーが橋渡しの役割を担うことが，クライアントの手助けとなる。そうすることで，クライアントが意欲を損なうことなく，次の相談機関に臨める準備をすることができる。

5. インテーク面接での内容

　さて，一般的にインテーク面接においてどのような内容を聞いていく
かについて，以下に挙げてみた。なお，下記の項目については，医療機
関や相談機関などの目的によって異なってくると考えられる。治療内容
や支援方針を検討するためにインテーク面接段階で必要となる項目や内
容の詳細さについては違いがあるだろう。また，臨床的判断を行ってい
くために必要な点に関しても，当該機関の役割や目的をインテーカーは
十分理解した上で，インテーク面接を実施していく必要がある。

① **問題とされる事柄・主訴**

　これはクライアントがどのような理由で来談に至ったのかについての
理由であり，困っていること，訴えたい内容のことである。クライアン
トによっては，この点を十分に言語化することができず，どのように説
明をしたらよいか困惑している場合や，あるいは，心理的混乱が想定で
きるのに，あまり深刻には伝わってこない場合などもある。また，電話
でのインテーク申し込みをした時点では身体的不調が生じていたが，時
間が経ちインテーク面接時点での訴えとしては，背景にある人間関係に
ついて語りだすという場合もある。子どもの相談においては，親と子ど
もの両者が来談し「困っていること」について尋ねた際に，両者が訴え
る内容が異なるということも見受けられる。それぞれの立場によって，
観点が異なり問題の捉え方が異なっていることがあることをインテー
カーは注意する必要がある。

　また，主訴の変化だけではなく，クライアントが主訴についてどのよ
うに訴えてくるのか，その様子についても十分観察することがクライア
ントを見立てていく際に役立つと考えられる。

② 現在の症状とその経過（現病歴）

　クライアントの主訴には，背景があり，そこに至るまでの歴史がある。現在の症状や問題が生じてくるまでにどのような経緯があり，どのような状況があって，その際にはどのように対処をしてきたかについても，できれば確認していきたい。その過程を通して，症状や問題とされる事柄が，どのようにクライアントにとって生活上の支障を生じさせているものなのか，つらさを与えているのか，どのくらいの期間そのような状況を抱えていたのかなどを知ることができる。

③ 来談経路・来談歴

　来談経路とは，どのような経緯で当該機関について知り，来談に至ったのかについて知ることである。自ら調べたのか，人づてや他機関からの紹介なのかなどは，クライアント自身の来談に対する意欲や，問題や症状への対処の在り方について知ることができる。また，どのような理由から当該機関を選択したか確認することで，クライアントの問題意識やクライアントが必要な支援をどのように捉えているかについて，あるいは，相談をするということに対するイメージ等について想像することができる。これまで来談をしたことがある医療や相談機関について質問することで，相談歴が確認できるとともに，クライアントが自身の問題をどのような観点から捉えていたのかについて推測していける素材となる。

　そして，来談歴と合わせて当該機関に来られる以前に医療や相談機関において，クライアントがどのような関わり方を受けたかについても確認していきたい。そうすることで，クライアント自身が支援を受ける体験について，どのように受け止めているのか知ることができる。

④ 生育歴や家族歴

　クライアントの生まれ育った地域や家族構成，家族の病歴，発達の状態など，クライアントの家族に関する情報を得ることは，現在のクライ

アントの事情や状況を知る上で，きわめて有益である。家族について確認していく際は，クライアント自身の両親や兄弟姉妹，祖父母だけではなく，配偶者やクライアント自身の子ども，配偶者方の両親や祖父母，兄弟姉妹，また，同居の有無，各人の年齢や職業，学校などについても確認してみたい。

　家族の中での病歴や問題，現状の生活について確認することで，家族が抱える課題や家族関係を知ることができる。また，家庭環境を知ることは，クライアントの自己形成上にどのような影響をもたらしているのかについて，考えを巡らせていく素材となる。そこには，家族力動と呼ばれる家族構成員同士の力関係がある。家族を動かしていく力が誰に備わっていて，どのように家族に影響を与えていたのかについて知ることで，その家族の特徴について知ることができる。そして，そこには夫婦の関係，兄弟姉妹の関係，両親の子どもたちへの関わり方など，さまざまな関係性の質があり，それをクライアントがどのように体験していたのかについて知ることは，クライアントの情緒的体験に関する理解に示唆を与えてくれる。

　また，クライアントが家族についてどのように語っていくかについても，注目していきたい。クライアント個人の歴史を尋ねていくのと同様に，現在までの家族の歴史について聞き取っていくことで，クライアントの生活背景や文化的素地について理解を深めていける。

⑤　**教育歴・学歴・職歴・社会生活歴等**

　クライアントの現在に至るまでの保育園・幼稚園，小学校から高等学校，大学等での人間関係や集団生活の様子，成績，学校生活の中での成功体験や失敗体験などから，対人関係においてどのような体験を得てきたのか知ることができる。また，卒業後にどのように社会参加をしているのか，どのような仕事に携わっているのか，転職の有無や職業生活，

上司や同僚等との人間関係の様子などからも，クライアントの主訴を説明していく状況が含まれているかもしれない。

　以上のように，インテーク面接において確認してみたい代表的な内容について概観したが，社会生活歴や家族歴などはクライアントの現在を理解していく上で，きわめて重要な手掛かりを与えてくれると考えられる。しかしながら，その内容について，一回の面接の中ですべてを聞き取っていくことが難しい場合も多い。クライアントが訴えたいことを十分に聴くことと，どのような目的で来談したのか，主訴となる症状や問題がいつ頃，どのように生じたのか，その経過はどうであったのかについて，クライアントのペースに合わせて尋ねていくだけで十分時間がかかるのではないかと思われる。

　インテーク実施後は，次の面接に向けて時系列的にそれらの内容を整理していくことで，クライアント像がもちやすくなり，次回面接の準備にもなっていくであろう。

6. 見立て（アセスメント）について

　このように，インテーク面接ではクライアントとの信頼関係を作りながら，クライアントの背景にある情報について整理をする。その上で，クライアントについて「見立て」を作るという最も重要な目的がある。見立てとは，この場合，心理的アセスメントともいえる。ただし，初回面接での見立て＝アセスメントとは，心理検査を用いたアセスメントの結果が含まれているわけではなく，設定された時間枠内での面接での観察を通して得られた情報や語られた内容に対する見立て（アセスメント）となる。限られた面接時間の中で，クライアントが主訴となる内容についてどのように語るのか，それをたとえば，精神医学的な観点で捉

えていくとどのような説明になると考えられるのか，クライアントに自傷他害といった切迫した状態が見受けられるのか，それに対して，当該機関で行う心理療法や心理学的支援はクライアントにとって有効であり，適切な内容を提供できると考えられるかなどについてを念頭に置きながら，判断をしていくことが求められる。ここには，多くの情報の整理と生物－心理－社会的観点からの検討が必要であり，複雑な判断となるであろう。

　それだけではなく，支援を行う側の状況についても見立てていく必要がある。支援者自身の体力や気力，業務量，組織における役割，さらに，クライアントが希望する日時が相談機関として受け入れ可能なのかといった現実的な状況も加味した上で，面接を引き受けていけるかどうかについて検討をしていかなくてはならない。

　また，その際に医療機関と連携が必要と考えられる場合がある。公認心理師法第 42 条第 2 項では，「当該支援に係る主治の医師があるときは，その指示を受けなければならない」とあり，公認心理師は，クライアントの安全確保が必要な際には，医療との連携を適切に行う責任がある。主治医の有無についての確認，あるいは，医療の必要性があると判断される場合においては，その旨をクライアントに丁寧に説明していくことが求められる。

　さて，インテーク面接を行い，インテーカー以外の者が担当者となり，当該機関での面接を継続していくことになった場合，その面接担当者を検討する必要が出てくる。その判断のための原案についても，インテーカーは案を練っていく役割があると考えられる。しかし，引継ぐ担当者について考えていくことは，容易ではない。大場（2019）は，「いわゆる『相性』，すなわち，クライアントの個性とセラピストの個性の関係性というものが心理療法においては大きな役割を演じる」と述べて

いるが，クライアントもセラピストも共に「生身の人間」であり，それ
ぞれの個性を有している。お互いの「持ち味」がうまく合致すること
で，心理療法が成り立ち，面接がうまく運ばれていく場合もある。必ず
しも，十分な臨床経験を積んでいないセラピストであったとしても，あ
るクライアントにとっては「ぴったり」として，マッチする場合もあ
る。これは，心理臨床が二者関係を基盤とする人間関係をベースに成り
立っている「特異性」があるからであろう。

　このように，心理臨床の場はお互いの個性と個性が出会う場でもあ
る。インテーク面接における見立てでは，次に継続していく面接担当者
となるセラピストを誰にするかについても，インテーカーは，考えを巡
らせていく必要がある。日頃から，共に仕事をしている同僚についての
理解を深め，その個性について知り，どのような個性との「相性」が馴
染みやすいのか，あるいは，どのような個性をもつ者との出会いが，ク
ライアントにとっていかなる意味をもたらすのかなどについても検討で
きるように，日頃から周囲との関わり合いをもつ心構えが大切である。
そしてなによりも，インテーク面接を含めて，心理面接を行っていくた
めには，自分自身についてよく知ることが重要である。

引用・参考文献

公認心理師法　平成 27 年法律第 68 号　2015 年 9 月 16 日
森　俊夫（2015）．ブリーフセラピーの極意　ほんの森出版
永井　撤（2013）．心理面接の方法——見立てと心理支援のすすめ方——　新曜社
西田　吉男（2004）．インテーク面接　氏原　寛他（編）　心理臨床大事典 [改訂版]
　　（pp.194-195）培風館
大場　登（2019）．初回面接　大山　泰宏・小林　真理子（編著）　臨床心理面接特論
　　Ⅰ——心理支援に関する理論と実際——（pp. 57-70）　放送大学教育振興会
　　（放送大学印刷教材）

5 | カウンセリングにおける相互作用

橋本朋広

《**目標＆ポイント**》 本章では，カウンセリングにおけるクライアントとセラピストの相互作用について学ぶ。まず，対話の次元でどのような相互作用が生じているのかを，ナラティヴ，介入といった視点から見ていく。明確化，直面化，解釈などによってクライアントの内省が促されることを学ぶとともに，それらの介入の基盤にあるセラピストの想像という営みについて学ぶ。次に，関係の次元における相互作用を，転移／逆転移という視点から見ていく。その上で，対話の次元が関係の次元によって構成され，関係の次元が対話の次元によって構成されることを学ぶ。そして，想像が2つの次元の相互作用を媒介していることを学ぶ。
《**キーワード**》 相互作用，対話の次元／関係の次元，ナラティヴ，介入，明確化，直面化，解釈，転移／逆転移，想像

1. はじめに

　一口にカウンセリングといっても，たとえば精神分析と認知行動療法では，だいぶ趣が異なる。筆者の場合，対面で，クライアントに相談したい事柄について語ってもらい，適宜介入を行いながら，自己の感情や思考について振り返ってもらうという方法をとっているが，その際，ユング派や精神分析といった力動的視点を用いて相互作用やプロセスを理解し，介入を行っている。したがって，そこで生じている相互作用やプロセスは，オリジナルな方法で行われる精神分析や認知行動療法とはだいぶ異なっているように思われる。より正確な学びのためには，学派別に実践を見ていくことが必要であるが，それは該当の他章へ譲り，本章

では，力動的アプローチによる対面式カウンセリングにおける相互作用
について見ていきたい。

　カウンセリングにおいて最も重要なのは，主人公はあくまでクライア
ント自身である，ということである。河合（1992, p. 3）は，心理療法
の定義について，「悩みや問題の解決のために来談した人に対して，専
門的な訓練を受けた者が，主として心理的な接近法によって，可能な限
り来談者の全存在に対する配慮をもちつつ，来談者が人生の過程を発見
的に歩むのを援助すること」と述べている。これによれば，カウンセリ
ングの目的は，「来談者が人生の過程を発見的に歩むのを援助すること」
である。通常この目的は，カウンセリングの開始にあたって，クライア
ントとのあいだでも確認される。この目的を前提にすればこそ，カウン
セリングは，主人公であるクライアントが語り，それをセラピストが聴
く，というふうに構造化される（治療構造については第6章参照）。

　カウンセリングでは，セラピストがクライアントの語りにじっくり耳
を傾ける（傾聴については第2章参照）。セラピストは，クライアント
の語りに耳を傾けながら，クライアントの体験世界を想像し，そこでク
ライアントが体験している意識的・無意識的な情緒や思考を追体験し，
共感していく（共感については第3章参照）。この過程においてセラピ
ストは，相槌などの非言語的な反応を表出したり，質問や確認を行った
り，理解し得たクライアントの情緒や思考を解釈したりする。クライア
ントは，こうしたセラピストのさまざまな「介入（intervention）」に促
されながら，自己の体験を振り返り，それについて語っていく。カウン
セリングでは，対話の次元において活発な相互作用が起こっている。

　だが，相互作用が起こっているのは，対話の次元だけではない。もっ
とわかりにくく繊細な，それでいて非常に直接的な次元での相互作用も
ある。いわゆる関係の次元である。この次元において，クライアントと

セラピストは，相手を情動に彩られた仕方で体験し，直接的に愛したり
憎んだりしてしまう。この相互作用こそ，フロイト（Freud, S.）が「転
移／逆転移（transference/countertransference）」と呼んだものである。
　カウンセリングでは，クライアントは自分の悩みを主体的に考える。
しかし，このような姿勢が生じるためには，セラピストは，クライアン
トにとって自分の苦しみや悲しみを理解してくれる対象，あるいは，考
える作業に温かく寄り添ってくれる対象として認知される必要がある。
これは，簡単にいえば，クライアントがセラピストを信頼するというこ
とであり，転移／逆転移の文脈でいえば，陽性の転移が生じるというこ
とである。しかし，傷つきを抱えたクライアントにとって，他者を信頼
するということは，再び裏切られや見捨てられを体験する可能性がある
危険な行為である。場合によっては，セラピストは信頼できない対象と
して体験されることもある。そのため，カウンセリングの作業は，常に
陰性の転移／逆転移によって停滞する危険に曝されている。カウンセリ
ングを進めていくためには，関係の次元における転移／逆転移の力動を
理解する必要がある。

2．対話の次元における相互作用

　クライアントは悩みを語る。そしてセラピストは，クライアントがど
ういう状況の中で何に悩み，それについてどんなことを思っているのか
を聴きながら，困難の中にいるクライアントの情緒や思考を追体験しよ
うとする。そして，理解し得たクライアントの情緒や思考をクライアン
トに伝え返す。クライアントは，セラピストからの応答を受け，自分の
情緒や思考を再確認したり，気づかなかったことに気づいたりしなが
ら，自分が何に困り，それをどう悩み，それにどう取り組んできたか，
新しいやり方にはどういうものがあるか，などを考えていく。

　このやりとりにおいて，セラピストは追体験を深めるためにさまざまな介入を行う。まず，さまざまな場面で「問いかけ」をする。たとえば，クライアントが初めて来談した時のことを考えてみよう。セラピストは，「今回どういうことでカウンセリングに来ようと思ったのか，教えていただけますか」などと問いかける。クライアントは，自分がカウンセリングに来ることになった経緯について語り，セラピストは，クライアントの語りを傾聴しながら，クライアントがどのような状況に置かれているか，周囲の世界とどのように関わり合っているか，他者や自己にどういう思いを抱いているか，などを理解していく。ただし，ここでいう「理解」は，決して知的なものではない。もっと体験的なものである。すなわち，クライアントが見ている世界や他者や自己のイメージを思い浮かべ，それらを前にした時の印象や情緒を直に感じ取っていくやり方，言い換えれば，物語の世界に没入し，その世界を生きる登場人物になりきって感じていくやり方，つまり「想像（imagination）」を用いた理解をする。すると，セラピストにはさまざまな思いが浮かんでくる。

　たとえば，「人が怖い」という訴えで来談した青年男子から話を聴いていく中で，クライアントが「自分が入るとバイト仲間が嫌がる」と語ったとしよう。ここでセラピストは，"嫌がっているというのはどういう状況なのかいまひとつイメージしにくい"と感じ，「バイト仲間が自分を嫌がるとのことですが，もう少し詳しく，どんな様子なのか教えてもらえますか」と問いかけるかもしれない。もしクライアントが具体的なエピソードを話してくれたら，セラピストは，よりいっそうクライアントの置かれている状況を想像しやすくなるだろう。

　そして，クライアントが，「みないつも誰かの悪口で盛り上がっているんですけど，そうやって僕のことも陰で悪く言っているのかなと……」

と語ったとする。するとセラピストは，"なるほど，そういう中にいたら安心できないだろうなあ"と思いつつ，"でも，クライアントを嫌がっているというのとは少し違うような……"などと疑問をもち，その点を確認してみるかもしれない。すると，クライアントは，「直接悪く言われたりすることはないけど，僕，浮いてるんですよね……」などと語るかもしれない。このように，セラピストは想像に導かれながら問いかけ，想像のほうはクライアントの語りに導かれながら鮮明になり，セラピストは追体験を深めていく。

　しかし，問いかける以外にも，さまざまな介入がある。追体験が深まると，セラピストは，クライアントの立場から世界を眺めているような状態になり，そうなると単に言葉として語られていることだけからは見えてこない，世界の内に存在する主体だけが感じる直接的な感覚（微妙な気分や情緒）を体験するようになる。

　たとえば，先の青年男子に「浮いている」とは，どういう感じなのかを聴いていった時，彼が「なんか悪口で盛り上がるのって，いまいち入る気になれないんですよね……」と言ったとする。そうするとセラピストの側には，"ああ，もしかして，人の悪口で盛り上がるとか，そういうのが嫌なのかな"などという思いが浮かぶ。こういう時セラピストは，「悪口で盛り上がったりするの，あんまり好きじゃないのかな」などと言ってみる。精神分析では，このような介入を「明確化（clarification）」と呼ぶ。松木（2016b, p. 96）によれば，明確化とは，「クライエント自身が語っていてもあいまいにしかとらえられていなかったり，本人は十分気がついていないことに注目させる」介入である。明確化した情緒や思考にクライアントが薄々気づいている場合，そこから話がクライアント自身の在り方へ展開していく可能性があるし，十分に意識化していない場合でも，クライアントは自分の中にそういう情緒や思考が

あるかどうかを内省することになる。

　また，ここから話が展開して，クライアントが，「悪口で盛り上がっている奴らって，なんでそんなことするのかなって……」と語ったとする。この場合，セラピストは，「なんでそんなことをするのか」という一見他者の動機を考えるような質問の背後にあるクライアントの情緒，すなわち「奴ら」への嫌悪や怒りのようなものを感じる。そして，その感情に焦点を当て，「もしかしてそういう奴らに対して腹立たしい思いがあるのかな」と語りかけるかもしれない。この介入は，精神分析において「直面化（confrontation）」と呼ばれる。松木（2016b, p. 97）によれば，直面化とは，「意識に近いところにある考えや感情をクライエント自身が曖昧にしていたり避けていたりしているときに，当該の考えや感情をきちんと向かい合うようにうながす」介入である。

　このようにカウンセリングでは，クライアントは，セラピストの介入に促されながら自己について内省していく。先の青年男子の場合，自分が仲間に腹を立てていたことに気づいたあと，実は自分は悪口を言うような人間になりたくないと思って生きてきた，悪口を言う人たちを嫌っていた，そのため友人関係から距離をとっていた，などと語るかもしれない。この場合クライアントは，過去の自分のさまざまな体験について語りながら，それらをつなぎ，人生の物語を構築している。この物語を語る行為こそ，「ナラティヴ（narrative）」（森岡，2008a，2008b）である。

　この例からわかるように，ナラティヴにおいては，過去の自分の体験を思い出し，それを再体験しつつ，同時に自己を対象化していく「自己の二重化」（森岡，2008b），現在の文脈から過去を眺め，その過去との関連で現在を意味づける「時間体験の二重化」（森岡，2008b）などがなされる。自己の二重化に典型的に示されるように，クライアントも，

ナラティヴという行為に携わりながら想像の中で過去の自分を見る（内省する）のである。

　こうしてカウンセリングが進み，クライアントの物語が見えてきた時，セラピストは，「自分は公平でありたいと生きてきた。だから，集団を作るために悪口を言う行為を嫌い，仲間に加わらないようにしていた。でも，それで周囲に溶け込めてないように感じ，自分は嫌われているのではないかと思うようになったのかもしれないね」というように，自分が得たクライアントについての総合的な理解を伝えることがある。精神分析では，このような介入を「解釈（interpretation）」と呼び，無意識的な情緒や思考についての理解をもたらす技法として重視している（ただし，精神分析における解釈には，ここで述べた以外の重要な要素が含まれる。それについては後述）。解釈は，クライアントに洞察を与える託宣のように誤解されることもあるが，実際には，対話を積み重ねる中で見えてきた問題の背景や意味について暫定的な理解を提示し，それによって内省を促し，次の対話を生み出そうとする介入である（松木，2016a）。ナラティヴの視点から見れば，解釈は，クライアントがセラピストの視点に身を「うつし」（森岡，2008b），そこから自己の在り方を内省するトポス（場）のようなものである。

　たとえばクライアントは，解釈を契機に，「自分は少し固すぎたかも」とか言うかもしれない。「なんでこういう生き方にこだわるようになったんだろう……」という問いを抱くかもしれない。いずれにせよ，過去と現在が重なり，内省が深まることで，生き方を変えようとしたり，自己探求へ歩み出したりといった未来への動きが生じ，その動きが過去から現在に至る人生の意味を変化させるのである。こうして，対話の次元における相互作用を契機にナラティヴが変化し，自己の在り方が変化していく。

3．関係の次元における相互作用

　さて，先の例で面接が進んでいった頃，クライアントから，自分は苛められて傷ついた，そういうことを人にしたくない，ということが語られるようになり，それと同時に，面接の場でバイト仲間の悪口が語られるようになってきたとしよう。そして，セラピストが，彼が腹立ちを体験できるようになってきたことをひとつの進展と思いながら，一緒に悪口を言うように強制されている気がして，その話を聞くのが嫌になってきたとしよう。こういう時，次第にクライアントから，「先生にうまく伝わっていない気がする」という不満が頻繁に語られるようになり，カウンセリング作業が停滞することがある。

　このような場合，ふとしたきっかけで突破口ができることがある。たとえば，ある時，バイト仲間を悪く言うクライアントの表情が怯えているように見えたりする。いわば，想像の中で直観的なヴィジョンを一瞬体験したりするのである。場合によっては，怯えている子どものイメージが浮かんでくることもある。セラピストは，クライアントの体験を追体験しようとするだけでなく，ある意味でぼんやりしながら想像の中に浮かんでくるものを見ている。松木（2015）によれば，精神分析のビオン（Bion, W.）は，このような「目覚めていながら夢見る」状態を「もの想い（reverie）」と名づけ，そのような仕方でクライアントの語りを聴くことを重視している。また，ユング派のシュワルツ-サラント（Schwarts-Salant, N., 1989/1997）や織田（1998/2017）も，セラピストが想像の中で心に浮かんでくるイメージを体験することを重視している。

　カウンセリング作業が停滞する時，このような想像が重要になる。先の例でいえば，セラピストは，「もしかして責められている感じがしますか？」などと問いかけることもできる。すると，クライアントもふと

連想を広げ，新しい対話が生まれるかもしれない。たとえば，実はこういうことが父親とのあいだで何度も起こっていた。クライアントが悪口を言われて傷ついた体験を話した時，直接そいつらに言い返さず，陰で父親の自分に愚痴を言っているクライアントも卑怯であると責められた，そういうふうに否定されることが何度もあった，それで否定されるのが怖かった，などと語られるかもしれない。

　ここに来てセラピストは，クライアントが共感的な父親像を求めていたこと，と同時に否定する父親像をセラピストに重ねていたことに気づくかもしれない。このように，過去の重要な人物とのあいだで体験していた感情をセラピストとのあいだで体験する現象は「転移」と呼ばれる。そして，この場合セラピストは，投影された否定する父親像に同一化し，その立場からクライアントを責めるような態度を取っている。このようにセラピストの側がクライアントに対して体験する感情を「逆転移」という。ラッカー（Racker, H., 1968/1982）によれば，この場合のように，クライアントを責める対象に同一化して生じる逆転移を「補足型逆転移（complementary countertransference）」といい，対照的に，父親を求めるクライアントに共感する場合のように，クライアントに同一化して生じる逆転移を「融合型逆転移（concordant countertransference）」という。この出来事の場合，カウンセリング場面においてクライアントは，父親に否定されて傷ついた自分を知らぬ間に生きており，セラピストは知らぬ間に否定する父親を生きていた。

　こういう時セラピストは，「つらさをわかってほしくて訴えたのに，お前も悪いと責められて，つらいと言うのが何か悪いことのように思うようになったのかもしれないね。それで僕とのあいだでも，わかってもらえないんじゃないか，本当は非難しているんじゃないかと感じて話しにくかったのかもね」などと解釈を伝えることがある。先に精神分析に

おける解釈の特殊性について言及したが，精神分析における解釈では，ここでの解釈に見られるように，今ここにおける転移／逆転移に関する理解を伝えることが重視される（松木，2016b）。このような転移解釈を通して，クライアントは対人関係において知らぬ間に（無意識的に）繰り返している自己の生き方を内省するのである。

　なお，この例からもわかるように，セラピストとクライアントのあいだで生じる転移／逆転移は，内的な対象像や自己像が投影されることによって「布置（constellation）」（河合，1991）された対人状況の全体を背景にして生じていることを理解するのが重要である。すなわち，この場合であれば，バイト仲間にはクライアントが排除し生きてこなかった自己像（対象関係論的にいえば悪い自己，ユング派的にいえば影）が投影されており，その全体状況の中でセラピストには父親像が投影されていたという点が大事である。

　そして，もともと2人の対話がスムーズに進んだ背景にも，父親像の希求があったことを理解するのも重要である。この思いがあればこそ対話がスムーズに進んだのだが，関係を停滞させたのもこの思いだった。そして，転移／逆転移が対話の次元で理解された時，対立的な関係が共感的な関係に変化した。転移／逆転移は，対話の次元を展開させると同時に停滞もさせ，さらには対話の次元によって変化もする。カウンセリングにおける相互作用を理解するには，転移／逆転移に巻き込まれつつ，その力動を想像的に捉えることが不可欠である。

　この力動を捉えるためには，全体状況の中で何が起こっているか，誰がどのイメージを投影され，セラピストはどのようなイメージを投影されているか，クライアントはカウンセリングの場でどのような自己を生き，どのような自己を生きていないか，などを想像していくことが重要になる。父や母のイメージ，あるいは悪い自己や影のイメージなど，諸

学派が提示する内的な対象像や自己像についてのイメージは，転移／逆転移の全体状況を想像していくのに有益である。セラピストは，二者関係の中で直に感じる動きを，クライアントのナラティヴを参照にしつつ，さまざまなイメージの布置として想像し，どのような仕方でクライアントの体験世界が構成されているのかを把握し，その理解を共有しながらクライアントに内省を促す。セラピストは単に傾聴しているのではなく，非常に能動的な想像活動に従事している。このような能動性に支えられてこそ，クライアントは，自分でも気づいていなかった自己の在り方に開かれ，新しい物語を創造するのである。

　以上からわかるように，対話の次元は関係の次元によって構成され，関係の次元は語りの次元によって構成される。そして，2 つの次元の相互作用を媒介しているのが想像なのである。

引用文献

河合　隼雄（1991）．イメージの心理学　青土社

河合　隼雄（1992）．心理療法序説　岩波書店

松木　邦裕（2015）．耳の傾け方　岩崎学術出版社

松木　邦裕（2016a）．現代の精神分析的臨床を構成するもの　こころに出会う——臨床精神分析　その学びと学び方——（pp. 21-56）　創元社

松木　邦裕（2016b）．［改訂増補］私説 対象関係論的心理療法入門　金剛出版

森岡　正芳（2008a）．今なぜナラティヴ？　森岡　正芳（編）　ナラティヴと心理療法（pp. 9-23）　金剛出版

森岡　正芳（2008b）．物語の構成力　森岡　正芳（編）　ナラティヴと心理療法（pp. 223-236）　金剛出版

織田　尚生（1998/2017）．心理療法の想像力　論創社

Racker, H.（1968）. *Transference and countertransference.* London：The Hogarth Press Ltd., London.（坂口　信貴（訳）（1982）. 転移と逆転移　岩崎学術出版社）

Schwartz-Salant, N.（1989）. *The Borderline Personality: Vision and Healing.* Chiron Publications.（織田　尚生（監訳）（1997）. 境界例と想像力　金剛出版）

6 | カウンセリングの場と器

大山泰宏

《**目標＆ポイント**》　カウンセリングや心理療法をはじめとする心理学的支援は，日常の中に治療的関わりが展開する特殊な場を作り出すことに支えられている。その際，治療構造，契約，面接室などが必要であるが，それらにはどんな意味があるのか。また，支援の状況によっては，そうしたセッティングが必ずしも用意できないときがある。そのときに，支援者はどうするべきなのかを講じる。

《**キーワード**》　治療構造，面接の時間と空間，治療契約，関係性

1．治療構造の必要性

（1）治療構造とは

　人と人が出会い関係が深まっていくとき，それは一般には，限定されてしつらえられた場所と空間だけで行われるものではない。きわめて多様な場所で，多様な関係性で多様に展開されるであろう。親しくなっていったら，一緒に食事をしたり，旅行に行ったり，時を忘れておしゃべりをしたりと，むしろ，共にする場所と時間は広がりをもっていく。これが人との関係が深まっていくということである。

　心理カウンセリングも，人と人が出会いその関係が深まっていくという営みである。しかしながら，私たちの日常生活での関係性とは異なって，それは確固として一定の限定された状況の中，すなわち，セラピスト－クライアントという関係において，そして，決められた時間と場所において展開されていく。第7章および第8章で詳しく論じるが，限定

された場所と時間で出会い，セラピスト−クライアントという役割関係に限定した関係をとるということは，心理カウンセリングという営みが成立し体系づけられていく上で，必然的に重要なものであると認識され，次第に形づくられてきたものである。

　心理カウンセリングという営みを成り立たせているこうした仕組みのことは，治療構造（The structure of psychotherapy）と呼ばれる。治療構造は，たとえば，決められた場所で決められた時間に出会う（それ以外の時間と場所とでは出会ったりしない）という，いわゆる時間と場所の「枠」と呼ばれる最も基本的なもののほか，心理カウンセリングのあとには定められた料金を支払うということ，さらにはクライアントに対するセラピストの応答のパターンや両者の相互行為の在り方を規定するさまざまな潜在的・顕在的ルール，そしてセラピストが解釈や理解において使用参照する概念や理論など，数多く存在する。このように幾重にもわたって心理カウンセリングという営みを成立させるための仕組みがあるのである。この治療構造というものが，なぜ必要なのか，どんな意義があるのか，具体的にはどんなものがあるのかといったことを論じてみたい。

（2）区切られ制約されるということの意味

　心理カウンセリングあるいは心理学的支援とは，支援対象者の心に対して，心を使って支援していくことであるということを第1章では述べた。そして，身体レベルや行動レベル，あるいは言語レベルなど，人間の営みのさまざまな位相での表現を，心を使った営み（すなわち，イメージの位相と象徴の位相での表現）としていくことであると，第2章では述べた。そして第3章では，セラピストとクライアントとの出会いがどのように開始されていくのかということ，第4章では出会いつつど

のように理解を深めていくのかということが述べられた。こうした心理
カウンセリングの営み（すなわち心を使って心を支援していく営み），
を成立させる器となるのが，治療構造である。

　治療構造は，カウンセリング関係という特別な関係に次第に移行して
いくために，セラピストとクライアントの相互行為の在り方を制約し形
作っていく。身体化された表現に対して，カウンセリングでは決して直
接身体に対して働きかけることはしない。その代わり，セラピストはそ
の身体を感じ取り，そこからイメージし，そのイメージを言葉にして返
していく。あるいは身体レベルでの共鳴を通して，照り返していく。あ
るいは，フォーカシングと呼ばれる技法に代表されるように，クライア
ント自身に自分の身体の感覚に注意を向けていくように促し，それをク
ライアント自身が味わい意識しイメージ化していくよう，手助けをして
いくこともある。

　心理カウンセリングが進展し，お互いの心理的な関係が深まっていく
と，通常は相手に対して感じないような，特別な感情（愛おしさという
ポジティヴな感情，それとは対極の怒りなどなどさまざまな様相があり
うる）を，セラピストの側もクライアントの側ももったりすることがあ
る。しかしながら，セラピストの側から決して抱きしめたり，怒りを向
けたりはしない。クライアントの側がそうしようとしても，それを制止
する。そして，なぜそうした気持ちになったのか，制止されるとどんな
思いがしたのか，といったことについて話し合うであろう。またセラピ
ストの側で，抱きしめたいという想念が出てきたり，怒りを感じたりし
ていたのであれば，なぜそのような気持ちになっていたのかについて，
自省したり，スーパーヴィジョン（第14，15章参照）で扱ったりする
であろう。すなわち，そうした感情や行動というものを直接に展開させ
るのではなく，心理的な次元で扱っていくようにするのである。

　カウンセリングはその意味で，矛盾したことをクライアントに課すものである。そのことを次に説明したい。

　カウンセリングの時間と空間は，しばしば，「自由で保護された空間」だといわれる。すなわち，何かと不自由で制約の多い日常生活の中では，抑圧されてしまって外に出すこともできなければ，自分でもそんなものがあるとは気づかなくなっている願望や気持ちというものを，特別に用意された時間と空間で解放し，それを味わい気づいていく自由度の高さがある，というようなイメージで語られることが多い。確かにそれはカウンセリングの大切な一側面であり，実際にクライアントは，カウンセリングの中で「何でも言える」，「話しにくいことも話せる」ということを体験することは多い。日常の人間関係では表出しにくいネガティヴな感情，やましい思い，攻撃的な気持ちなどを，語ったり表出したりすることが許される。あるいは，言うのが恥ずかしい親密な気持ち，恋しい気持ちなどを表出することも許される。こうして日常の生活では，社会的なルールや慣習からしても，あるいは自分のパターンからしても，表現できないことや表現しにくいことが表現できる，特殊な場である。

　しかしながら，そうしたことが可能であるのは，まさにカウンセリングの場が制約の多い場であるからである。このことはしばしば，「器」のイメージで語られる。フラスコの中で化学反応が起きるにしろ，何かが合成されるにしろ，器の中身が外に散らばりださず一定の範囲内にしっかりと収まっておかねばならない。その反応が強烈で力強いものであればあるほど，それを収める器はしっかりしたものである必要があろう。これと同じように，カウンセリングが人格の変容を目指すものであるならば，セラピストとクライアントとの相互が反応しあって変容が生じていくものであるならば，それをしっかりと護るだけの器が必要なの

88

である。

2．治療構造の実際

（1）面接室を作るということ

　では，どのような器が設定されるのかということを，見ておこう。まず，面接室を用意することが必要である。面接室は，セッションのあいだは決してほかの人が出入りしない個室でなければならない。ちょっとそのあたりの机でカウンセリングをしようとか，立ち話でカウンセリングをしようとかいうことなど，ありえないことである。また，たとえ個室であっても，ほかの人が頻繁に前を通ったり，ほかの人の声が聞こえてきたりするところは望ましくない。そうした空間は，やはりほかの人の存在が気になってしまって自由な心持ちになれないし，自分がしゃべったことも外に漏れ聞こえるのではないかと不安になってしまう。

　面接室は，会議机のようなものがポツンと置かれているような殺風景な部屋や，散らかった部屋や，生活感ありありの部屋は望ましくない。心が豊かな気持ちになるには，やはり「客間」のようなもてなしの心のある空間である必要がある。かといって，あまりにも煌びやかで豪華な部屋も居心地が悪いものである。

　こうして空間が物理的に用意されるだけでは，まだ不十分である。心理カウンセリングが開始されるとき，セラピストはクライアントに対して，お互いが守るべき事柄，すなわち治療の枠組みについて伝え話し合い，「治療契約」を結ぶ。治療の枠組みとは，まず面接の頻度と日時である。標準的なカウンセリングでは週に1回，同じ曜日の同じ時間に同じ場所で行われる。こうして定期的に予定を組みやすいところを確保することで，クライアントとの日常の生活・スケジュールの中に，しっかりとカウンセリングの場を定位するのである。クライアントの主訴や

テーマによっては，隔週などの頻度を設けることもある。精神分析では，週に4回のセッションを行うことを標準としているように，学派によってこの設定は異なってくる。

　面接の日時と頻度を設定すると同時に，その設定以外の時間と場所ではどうするかということも決められる。標準的には，設定された時間と場所以外での接触（電話やメール，SNSでのやりとりなど）は，制限・禁止される。そうでなければ，カウンセリング関係の場が日常的関係と混ざってしまい，せっかくの器としての力を失ってしまうからである。また，複数のコンタクトのルートをもつということは，クライアントにとってもセラピストにとっても，関係の取り方が混乱してしまう。面接の場で面と向かって言いにくいことを，SNSでセラピストに伝えるというようになってしまうと，もはやカウンセリングの器は成り立たない。面接の場の制限に抜け道を設けてしまうと，収まりのつかない感情や思いがそこから外に漏れ出してしまって，収拾がつかなくなってしまうこともあるのである。

　また，料金やキャンセルの場合の扱いについても話をする。料金をどのくらいに設定するのか，クライアントがキャンセルした場合に料金を貰うのか，貰うとしたらどのくらい貰うのか，何日前までに連絡があった場合はキャンセル料をとらないのかといった，いわゆるキャンセルポリシーである。これは単に損害補償とかそういうものではない。カウンセリングにおいて，キャンセルは単にやむを得ない事情からなされるばかりでなく，しばしば「抵抗（resistance）」と呼ばれる事態と関わっていることがあるからである。抵抗とは，心においてどうしても触れたくないことに触れなければならない状況や展開となってきたとき，あるいはカウンセリングの中で自分が変化していくことに対して尻込みしたり，現状のままに止まっていたいと思うときなどに生じるものである。

したがって，キャンセルのしにくさ，ということを設定しているほうが，心のテーマに向かい合うことを結局は支えることになるのである。

　さらには，セラピストはクライアントに対して「秘密保持」(第14章参照) について伝える。すなわち，面接室で語られたことは，いっさい他言しないということである。社会的にはネガティヴなことであっても，恥ずかしいことであっても，ほかの人に漏れることはないと，固く約束するのである。このことで，安心して心置きなく語ることができるようになる，もっと正確にいえば，心置きなく語ることができないときには，それはクライアント自身の何らかのひっかかりに起因するものとして，心のテーマとして扱うことができるようになるのである。

　秘密保持には例外がある。クライアントに自傷・他害の危険性があるとき，すなわち秘密ですといって自殺をほのめかしたり，殺人をほのめかしたり，反社会的行動を企てたりしているときには，それを秘密にはできないということをしっかりとクライアントと話し合って，まずはクライアント自身や他者の命を優先するような介入が必要となる (第14章参照)。

(2) セラピストの態度や応答という治療構造

　時間や空間，さまざまな契約事項という治療構造は，カウンセリングの時空を日常から隔てる役割をする器であった。しかしその中で作り上げられて展開されていくセラピストとクライアントの関係が，日常的な関係とまったく同じようものであったとすると，それは意味がない。器の中で，展開される相互行為や関係性にも，カウンセリングをカウンセリングとして成り立たせる重要な要素がある。それは，セラピストの態度や応答の特殊性である。

　セラピストの態度は，一言で表現するならば，「礼節をもった温かさ」

とでもいったらよいだろうか。親密な関係ではあるにしても，日常的な親密さとは異なる。日常の親密な関係では，敬語を使わず（いわゆるタメ口で）喋り合い，冗談を言い合ったり笑い声が響いたり，身体的な接触もあったりするであろう。しかしながら，セラピストはクライアントに対してタメ口を使うことはまずなく，同年代や年下のクライアント，子どもに対しては敬語を必ずしも使わないにしても，やはり丁寧な言葉づかいである。また，プレイセラピーや身体に直接働きかける動作法などの技法を別とすると，いくら親密となってもクライアントに触れることは，まずない。ヨーロッパなどの心理カウンセリングでは，セラピストがクライアントを部屋に迎え入れる時と，送り出す時に握手をするのが普通であるが，それはその文化圏の中での礼節のある振る舞いだからこそであって，日本の文化圏の中では，行うことはごくまれである。

　さらには，第3章で述べたような，セラピストの共感の在り方，応答のパターンなども，カウンセリングを日常のコミュニケーションではなくカウンセリングたらしめている，治療構造を成立させている要因である。

（3）治療構造の揺らぎ

　カウンセリングは，このような治療構造に護られて展開していくのであるが，その過程で時折，この治療構造が揺らいでしまうことがある。意識的に揺らがせるというよりも，ハプニングにより揺らがされることがほとんどである。

　たとえば，面接室の外でセラピストとクライアントとが，出くわすこともある。セラピストの側は気づいていても，クライアントは気づいていないことも多い（もしかすると，その逆のパターンも多くあるかもしれないが，クライアントから聞いたことはないのでわからない……）。

セラピストはその時，クライアントの面接室で見せる姿と異なった姿に遭遇して，ドキッとする。面接室では表情豊かなのに，外ではまったく能面のような表情で，うつ状態が実は想像していた以上に深刻であることに気づかされる。面接室では何とか会話が成立している強迫神経症のクライアントが，おまじないのようなものをブツブツと唱えながら奇妙な姿勢で歩いているのを見て，ギョッとする。こうした時には，セラピストは，自分が面接室で知っている姿が，いかに一面的であるのかを思い知らされる。心理カウンセリングは，その器の中で展開される相互作用に限定しているので，一面的であるのはある程度致し方ないことである。しかしながらセラピストはしばしば，その枠を自分の護りとだけして，クライアントの護りとすることを忘れてしまうことがある。セラピストにとっては馴染みの相互作用ができているわけであるが，クライアントのほうは，その枠に合わせていくことを，とても苦労していることもあるのである。こうした外で出会うというハプニングが生じたとき，セラピストは，クライアントとの関係性の中で何か見落としていないか，クライアントに一方的に任せてしまっていることはないか，ということを自ら問うてみなければならない。

　カウンセリングの器の外で，クライアントがとても重要なことを話し出すこともある。セッションの終了を告げたあとに，あっと驚くような話題を持ち出してきたり，もう今日で面接は終わりにしたいと言ってきたりする。あるいは，公共の施設の相談所などでは，相談室から待合室まで一緒に歩いていくあいだに，突然話を振ってきたりする。そうした話題は，とても立ち話できるようなものではなく，やはりしっかりとした器の中で話し合わなければならないものであることがほとんどである。このような場合は，セラピストは自分のこれまでの対応をやはり見直すべきであろう。面接室の物理的・時間的セッティングというより

も，その中での自分の応答や解釈，理解の在り方の問題である。器の外で話を振ってくるのは，面と向かって伝えようとしても，セラピストに伝わらない，取り合ってくれないという体験を何度かした上での，クライアントの決断である。セラピストは，「こうして面接が終わって伝えられることは，とても大切なことであるのがほとんどなので，次回，しっかりと話し合いたい」というようなことを真心から伝えて，これまでの経過や自分の理解をしっかりと検討して，次の面接に臨むことが求められる。

　このように，治療構造の揺らぎが生じるとき，そこには，治療構造が排除してしまっていた要素を，治療構造の中で扱い始めるきっかけが含まれていることが多い。このことが，心理カウンセリングの進展をより豊かなものにしていく可能性をもっているのである。

3．応用としての治療構造

（1）読みとしての治療構造

　心理カウンセリングを始めたばかりの初心セラピストは，治療構造を守るのに精一杯である。しばしばそれは柔軟性に欠け，クライアントを護るというより，自分自身を護ろうとするかのようである。治療構造が揺らぐことは，面接関係が破綻してしまうことであるかのような怖れを抱いている。しかしだんだんと心理カウンセリングに熟達してくると，外枠としての治療構造ばかりでなく，面接での関係性や流れといったことも重視するようになる。これは決して治療構造をないがしろにしているというわけではなく，むしろ，治療構造を強迫的に守ろうとしない余裕が出てきたときに，別の次元での治療構造が見えるようになってきたということである。ハプニング等が生じてそれが揺れることもあっても，それを通してむしろ，面接を豊かにしていくことができるようになる。

　セラピストが自分の裁量で，治療構造を恣意的に勝手に変えるようなことがあってはならない。クライアントの話の内容によって，面接時間を長くしたり，会う場所を面接室以外に変えたり，頻度を十分な話し合いのないままに変更したりといったことである。こうした場合にも結局は，セラピストは治療構造に頼っているのであり，その中でしっかりと勝負しようという決意が弱いのである。かといって治療構造など意に介せず，自分の力量で何とかなるとして，構造的なことを軽視したままで無手勝流にカウンセリングを行ってもならない。その場合は，面接関係の中で生じることはすべて自分が把握している，自分が能動的に何とかできるという傲慢さがあり，これもカウンセリングとしては命取りとなるであろう。というのも，カウンセリングの展開には，セラピストが意識して把握していることを超えた何かが常に動いているからである。

　心理カウンセリングの専門家が熟達していくと，自分を超えたケースの展開に対する「畏れと敬い」というものをもちつつ，治療枠に対する余裕のある付き合い方ができるようになるが，それを可能にしてくれるのがケースに対する「読み」である。

　「読み」というのは，「見立て」といってもよいかもしれない。ケースの中で生じてくる一つひとつの事象が，どのようにケースの流れに影響を与えるのか，それに対してどんな関わりをするべきなのかということを読み取っていく力である。まさに，チェスや囲碁の一つひとつの局面を読み取って予測して，次の手を打っていくような専門家の知恵である。そうした読みの力が育ってくると，治療枠が与えている影響，治療枠が揺れることの影響も，その読みの系の中に含めて関わりを考えていくことができるのである。

　読みを確かなものにしていくには，心理カウンセリング事例に関する経験を積み重ねていくことが大切なのは確かである。さらに，経験を積

むと同時に，それを概念化していくことも重要である。自分の事例ばかりでなく，事例検討や事例研究を通して，他のセラピストの事例の展開に触れ，そこで展開される物語から学んだり，さらにはさまざまなオリエンテーションにおける理論や概念というものを，腑に落ちて理解しておくことは，展開していく事象を理解し次の一手を適切に打つための，ひとつの治療構造として働きうるのである。

（2）心理職の活動領域の広さ・多様さと関連して

　面接室の設定や時間・料金という，外側から規定されることに支えられて，治療構造が成立し，その中で心理カウンセリングが展開していくが，実際には，心理学的支援を行う上では，そうした理想的な治療構造が設定できない場合も多い。たとえば，公的機関の相談所で，クライアントが無料でカウンセリングを受けているという場合である。こうした例も今ではかなり多くなってきたので，治療構造の在り方として当たり前とはなってきてはいるが，カウンセリングをどう位置づけるかということに，大きな影響を与えていることは否めない。金銭のことは気にしない子どもは別としても，大人の場合，自ら求めて参与するものというより，サービスとして与えられるものとしての意味が強くなり，そのことが事例によっては，プラスにもマイナスにも作用しうる。あるいは，生きるか死ぬかの瀬戸際のような重篤なケースの場合には，金銭のことなど，まったく関係ないかもしれない。このように，セッティングがどう影響を与えるかということは，事例によっても異なってくるので，そこを見立てていく力も必要である。

　ほかにも理想的な治療構造が設定できないことが多くなるのは，地域（コミュニティ）の中での支援の場合である。たとえば被災地を訪れての支援活動では，しっかりとした面接室が用意されることなど，ごくま

れである。ただでさえ皆が避難して手狭に生活しているような状況では，スペースが不足しており，また，生活面の平常化を支えていくことが何より優先性が高い。その中で心理的支援を行う場合，オープンな公共スペースで行ったり，スペースの一角を区切ったり，物資の積まれた部屋を時間貸ししてもらったりすることになるが，そこで面接の空間をどのように作るのかということから工夫していく必要がある。どのようにしたら，その空間を，カウンセリングを行うのに適した空間にしていくのか，空間づくりから始まるのである。たとえば，埃のたまった会議机なら綺麗に拭き清める，椅子の配置と距離はどのようにするのか（遠すぎず近すぎずの安心できる距離はどのくらいなのか，入口のドアから着席するまでの導線はどうするか，どちらの方向を向いて座ってもらうか），クライアント側から見える部屋の景色はどのようなものなのか，テーブルの上にはどのようなものを置くのか置かないのか，などを吟味する必要がある。

　また病院等の保健医療機関においても，面接室ではないところでカウンセリングや心理学的支援を行わなければならないことも多い。入院患者のベッドサイドに訪床して話を聴くということが最も多いであろう。この場合，個室ならまだしも，大部屋では他の患者がいる中で，話をしなければならない。そのようなときには，あまり立ち入ったプライベートなことを話すわけにもいかない。かといって，当たり障りのない世間話ではカウンセリングとはならない。どのようにしたら，プライバシーを護りながらも内面に触れ得る話ができるのかを，工夫しなければならない。さらには，デイケア等のグループ活動の中では，多職種と協働して心理学的支援を行うのであるが，スタッフとして共通性の高い関わりをしつつも，心理ならではの専門的関わりはどのようなものであるのか，模索し問いかけていく必要がある。

　こうした応用的な働きができるためには，カウンセリングの内部で生じていることをしっかり理解するとともに，器が変わればそれがどうなりうるのかという，器と内部の反応とをしっかり結びつけて理解しておくような，より体系化された知が必要となってくる。腕のよい料理人は，使い慣れた道具を使うときにこそ本領を発揮できるのであるが，そうでないあり合わせの道具を使うしかないときにも，その道具の性質を読み取ってうまく利用して，しっかりとした仕事ができるのと同じことである。

（3）守秘義務と情報共有

　公的機関やコミュニティに関わる仕事をするときに，治療構造に関わるもうひとつのテーマは，秘密保持に関することである。面接室の中で語られたことは，自傷・他害の緊急な危険がある場合以外は他言しないという守秘義務があることは，すでに述べた。しかし，公共機関などでは，心理カウンセリングで話されたことを，その関係者と共有したり，報告したりすることは多い。秘密保持に関しては，第14章でしっかりと論じるので，ここでは「器」ということと関連して，その最も基本的なことを述べておこう。

　多職種と協働し心理学的支援を行うとき，その心理学的支援は多職種が展開する支援の中に位置づけられる。クライアントの側から見ると，さまざまな側面からの支援を受けていることになる。このとき，支援者の側が，それぞれまったく情報交換をせずにバラバラに支援をしていたのでは，これはクライアントにとっても不都合なことが多いであろう。無駄なく統合的な支援が行われるためには，情報を交換しておくことは必要である。

　しかしながら，クライアントの語ったことを何でも，情報として横流

しするのであってはならない。情報というものは，関係性から離れてしまっている。クライアントが面接の場で語ることは，セラピストとの関係性のもとで語られたことである。その関係性というものは，支援者のひとりに伝えたということかもしれず，心理職という職能をもつ人に伝えたということかもしれない。あるいは，○○さん（セラピストの名前）という信頼をもつ人物に伝えたということかもしれない。ひとりのセラピストに語られることといっても，このように異なる関係性においてなされている可能性があるのである。

　セラピストは，クライアントが語ることが，このどの位置にあるかをしっかりと見立てて，守秘ということを考える必要がある。クライアントが「支援者のひとりに伝えた」というつもりであれば，他の支援者と共有しておいたほうがよいことも多いであろう（クライアントが，操作的にそうしたいという場合は除くが）。

　クライアントがセラピストという個の関係に対して打ち明けてくれたことでも，共有しておいたほうがよい場合もある。しかしながらこの場合も，それを「情報」として横流しするのではなく，工夫が必要である。たとえば，その事柄の実際の内容は伝えずとも，その解釈について伝えるということである。たとえば，スクールカウンセリングで，教員への不満を語った生徒がいたとしよう。カウンセリングのあとで，学校の教員が子どもの様子について尋ねてきたとしよう。生徒の不満をそのまま伝えるようなことがあってはならない。なぜ生徒がそのようなことを言うのか，それは生徒の心的なテーマとどのように関連しているのかといったことを見立てた上で，教員が生徒への関わりを工夫していくヒントとなるようなことを，伝えることが必要であろう。たとえば，「今，いろんなことに関して，ようやくイヤだと感じたり言ったりすることができはじめてきたようで，そういうときは，それが度が過ぎて極端に出て

しまうこともあるかもしれないので，しっかり見守ってあげてくださ
い」というような伝え方である。「特に自分が信頼しようとしつつある
人に対して，まずは否定的なことを言ってしまいがちですね」というこ
とを添えてもいいかもしれない。このように，心理カウンセリングにお
いて，クライアントの語ったことの心理的な意味をしっかりと理解した
上で，その見立てを伝えていくということも，器になり得るのである。

参考文献

狩野　力八郎（2009）．方法としての治療構造論──精神分析的心理療法の実践──
　　金剛出版
栗原　和彦（2019）．臨床家のための実践的治療構造論　遠見書房
妙木　浩之（編）（2018）．臨床心理学第105号（18巻第3号）治療構造論再考　金
　　剛出版
大山　泰宏（2010）．心理療法の「枠」と臨床の知　矢野智司・桑原知子（編）　臨
　　床の知──臨床心理学と教育人間学からの問い──（pp. 57-72）　創元社

7 | カウンセリングのプロセス

橋本朋広

《**目標＆ポイント**》 初期・中期・終結期のカウンセリング・プロセスについて学ぶ。カウンセリング・プロセスを見ていく時，人生全体への視点が重要であることを学ぶ。初期ではラポールの確立，治療同盟の成立，容器の形成といったプロセスが進行し，中期では転移／逆転移が発展し，終結期では抱える機能の内在化による分離が進行する。これらがどのように進むのかを具体的な事例を通して学ぶ。
《**キーワード**》 ラポール，治療同盟，容器，転移／逆転移，抱える機能，内在化，分離

1. はじめに

　カウンセリング・プロセスは，大きく「初期」，「中期」，「終結期」に区分される（東山，1992）。本章では，各局面の展開について説明していく。なお，本文中の事例は一般の方が入手可能な文献から引用した。カウンセリング・プロセスの実際について学びを深めたい方は，ぜひ引用文献の事例にも目を通していただきたい。

　カウンセリング・プロセスについて学ぶにあたって，念頭におくべき重要な視点について指摘したい。この視点について端的に述べた素晴らしい文章があるので，以下に引用する。

　　心理療法を開始から終結に至るひとつの過程としてみるとき，人間の人生そのものがひとつの「過程」であること，その長い過程の一部として心

理療法の過程があることを忘れてはならない。このために，心理療法を行うにあたって，治療者自身が人生の過程をどのように見ているのかが潜在的に問われていることを，しっかりと意識している必要があると思われる。そのような深く長い人生の過程の一部の間のかかわり。そして，人生には終わりがないと言ってさえよいくらいの「過程」のなかで，「始めと終わり」をもったかかわりをするのだから，そのことを治療者が相当に意識化していなかったら，治療の過程は安易に流されることになってしまうであろう（河合，1992，p. 161）。

　通常クライアントは，不安発作や強迫症状を治したい，悪化した夫婦関係を修復したいなどの「主訴」をもって来談する。実際のカウンセリングは，そのような具体的なクライアントの求め（ニーズ）に応じてなされる。しかし，一方でセラピストは，それらのニーズがクライアントに生じてきた背景，すなわち「深く長い人生の過程」に思いを致す必要がある。それは，人生の喜びと悲しみを生きながら，それを自己自身のものとして受けとめつつ，それを土台に終末へ向かって独自な人生（および人生観）を創造していく自己実現のプロセスである。それはいわば究極のプロセスであり，カウンセリングだけでそれが実現するわけではない。しかし，カウンセリングは究極のプロセスにおいて生じた問題に関わっている。つまり，人生の転換に関わっている。クライアントは，人生の過程で生じた問題に取り組むために来談する。それゆえ，それへの取り組みの如何によって，その後の人生が大きく変わってくる。セラピストは，実践的にはクライアントの具体的なニーズに応じていかなければならないが，根本においてはクライアントの人生全体に思いをはせなければならないのである。

2．初期

　不安発作や強迫症状を治したい，悪化した夫婦関係を修復したいなど
の主訴で来談した場合，一見ニーズが明らかなので，すぐにカウンセリ
ングを開始できそうである。しかし，実際はそう単純ではない。たとえ
ば，クライアントのニーズをよく確認すると，症状をなくす方法や相手
を変える方法を教えてもらうことを期待している場合がある。このよう
な時，それらの期待とカウンセリングでできることのあいだにどういう
齟齬があるか，クライアントと丁寧に話し合う必要がある。たとえば，
不安症状や強迫症状を治すには精神科薬物療法が有効であること，他人
を操作的に変化させるような方法を教えることはできないこと，カウン
セリングは症状の背景にある心の動きについて考えたり，自分と相手の
相互作用を振り返ったりする作業であること，などを説明し，開始する
かどうかをよく考えてもらった上で契約する必要がある（治療契約につ
いては第6章参照）。

　このように初期では，クライアントのニーズとカウンセリングのあい
だにある齟齬を確認し，カウンセリングでは何を目指し，何をするのか，
について話し合う作業が行われる。この作業を丁寧に行うことで，誤解
が少なくなり，「ラポール（rapport）」（第3章参照）が確立されやすくな
る。また，話し合いを通してクライアントは，症状を病的なものとして
見るだけではなく自己の人生と関連するものとして捉える視点，あるい
は人間関係における自己の役割を振り返る視点などに出合うことにな
る。この視点を取り入れることができるだけでも，問題を自己の人生の
中に位置づけ，人生の課題としてその解決に取り組もうとする主体性が
芽生える。この視点を取り入れることができるかどうかが，カウンセリ
ングの適否を判断するには重要である。セラピストは話し合いを行いな

がら，適否を判断し，契約を結ぶかどうかを決定するのである。治してほしい，教えてほしいという期待が高いクライアントの場合，このような話し合い自体に欲求不満を抱き，来談しなくなる場合がある。とはいえ，この作業を行わずに漫然と開始しても，結局は効果が得られないなどの理由で中断することが多い。初期においては，この作業を丁寧に行うことが重要である。この点を三浦（1998）の事例をもとに考えてみよう。

　男性A（30歳）は，汚いことや危ないことが気になるといった強迫症状に悩み，民間カウンセリング機関のセラピストである三浦（以下，Thと略記）のもとに来談した。第1回（以下，面接回数は#1のように略記）の面接でAは，Thに「症状は，取れるんですか？」と問い，Thは〈症状を取ろうとするとよけいこだわってしまう。症状にかかわらなくてもいいゆったりとした気持ちが少しでも長く続くこと〉と答え，カウンセリング目標を提示する。#2では，開口一番「症状と対決すればいいのか，それとも離れようとすればいいのか」と問い詰めるAに対し，Thは〈どちらも離れられないように思うが，話しているとどんな感じ？〉と質問し，観念に固執するAの視線を生の感覚体験に向かわせる。「気持ちが軽くなる感じ」と言うAをThは〈そのような体験が大事なように思う〉と支持し，ついで〈夢は見ますか？〉と問い，Aの視線を自分自身の在り方へ振り向ける。Aは，絶壁の上で動けない中，向こう側に見える安定した平地へ行く細い道を見つけ，恐々一歩踏み出す，という夢を語る。Thは〈やはりその道を歩いていかないといけないのか…（中略）…私も行こうと思うので2人は通れるといいですね〉と応答する。#3でAは，海底トンネルや丘を車で超えていく夢を報告し，その後も夢の報告を続けるが，他方で毎回Thに症状への対処方法を訊ねる。Thは，対処法ばかりに気を取られてしまうことに注意しつつ，Aの要求を無下に扱うことなく対処法を一緒に根気強く考えていく。そして，#19でAは，日常で強迫観念に襲われた時，Thの顔を思い出して「おまえ何とかしろ」と怒り，症状をThに渡すようにした，そしたら楽になった，と語るようになる。

　この例において Th は，A のニーズに応じながら，他方で，カウンセリングの目標は症状としての不安を抱える心を作っていくこと，そのためにカウンセリングでは自分自身の在り方を振り返る作業に取り組むことをそれとなく示唆している。また，夢から，自分の道へ歩みだすことに怯え躊躇している A を感じた Th は，一緒に歩いていこうという姿勢を示して A をやんわり励ましている。夢は，カウンセリングに対する A の躊躇とも読めるが，人生全体という視点から見れば自立の恐れと不安とも読める。ここで Th は，両方の視点をもって A を励ましているように思われる。このような丁寧な話し合いによってラポールが確立され，夢を報告するなど A もカウンセリングに協力的になる。こうして「治療同盟（therapeutic alliance）」が成立する。ギャバード（Gabbard, G. O.）によれば，治療同盟は，「患者が治療者に愛着を感じていること。患者が治療者を有用であると感じていること。そして，患者と治療者とが共通の治療目標に向かって相互共同していると感じていること」（Gabbard, 2010/2012, p. 53）などの要素で成り立ち，治療成果と正の相関をなす。

　とはいえ，治療同盟が成立し，関係が深まると，クライアントの依存心も強まる。事例でも，A はますます Th に対処法を要求するようになっていく。しかし，Th は，その要求を無下にすることなく不安を抱える仕方を一緒に考える。そして，次第に A は（Th を不安の引き受け役にしながら）自分で不安を抱えるようになってくる。ここには，Th と A の関係が不安を抱える器となり，その器が不安を抱える心を育てる，という現象が見られる。精神分析では，この現象を，セラピストがクライアントの排出した不安を抱える「コンテイナー（container）」として機能していると捉える（松木，2016）。一方ユング派では，それを守られた関係を通しての抱える心の形成と捉え，こうして形成される関係や心を象徴的に「容器（*vas*[1]）」と呼ぶ（織田，2017）。いずれも，容

1　容器を意味するラテン語。錬金術では容器そのものが変容を引き起こすと考えられていた。ユング派では，容器の形成が人格の変容を可能にすると考えるため，容器の力を象徴的に表すこの用語を用いる。

器のイメージを強調している点は共通である。このように初期では，ニーズに関する話し合いを通して，ラポールの確立，治療同盟の成立，容器の形成といったプロセスが進行する。

3．中期

　容器が形成されると，クライアントは不安や怒りといった否定的な感情を関係の中に投げ入れるようになる。セラピストは，クライアントの不安の引き受け手となるが，それによって依存されたり攻撃されたりし，それを抱える苦しさを味わうことになる。こうして転移／逆転移が発展するが，それによって関係が破壊されずに容器の機能を維持し続けると，クライアントは心の容器を獲得し，成長していく。ただし，転移／逆転移の発展においては，セラピストもクライアントも一時的に暗闇を旅するような状態に陥ることがある。再び三浦の事例を見てみよう。

　#29の時，Aは，Thとの間にあるテーブルを退け，Thと座っている場所を交換したいと言う。そして，「三浦さんの場所だとなんだか自分が強くなったような気持がしますね」と言い，堰を切ったように，昔電車に飛び込んだ人を見たなど，気持ちが悪くなるような話をしはじめる。そして，その回以降，対処法を教えろという要求を続けつつ，「ウンコ風呂につかっているようだ」と言いながら大便の話や攻撃的な話をしていく。#40では，Thは面接が迷路に入ってしまったかのように感じる。#49では，汚い男が部屋に侵入し部屋を散らかすが，追い出そうとしても出て行かず，そこにもう一人の男が入ってきて気にするなと言われるが，自分はどうしていいかわからない，という夢が語られる。この時期，Aは面接の在り方や料金について不満を言うようになり，#50では，「1年以上面接に来ているがもっと効率的にできないか」と言う。また，話題が父親の話に及ぶと，父は黙っているだけの存在で強く言うと壊れてしまう，だから父には主張できないと語り，Thが〈Thはどうですか〉と質問すると，

「(Th は) 倒れるけど，何度やっても起き上がってくる」と話している。#52 で A は，「面接が渦を巻いてきてしまった。私の渦が先生にうつってしまっては申し訳ない」と言うが，この頃 Th はスーパーヴィジョンを受け，Cl に同一化しすぎている点を指摘され，目が覚める体験をしている。そして，#54 では，カウンセラーに目が見えず歯がボロボロと指摘されるが，目は訓練すれば治るし歯にも良い栄養剤ができたと言われる，という夢が報告される。

　席の交換の場面からは，Th に穢れ（不安や苛立ち）を投げ入れつつ，Th に同一化して穢れに耐える A がうかがえる。#49 の夢には，穢れを追い出したい心と穢れを抱える心の葛藤が描かれているが，それは A に抱える心が芽生えていることを示している。その葛藤を抱え続けなければならないつらさを，A は面接や料金への不満という形で Th に投げ入れているのだろう。この流れの中で Th は，延々と A の不安を抱え続けなければならない苦しみを体験し，方向喪失に陥っている。2 人とも葛藤の苦しみという暗黒状態に呑み込まれそうになりつつ，耐えているのである。ここでは 2 人のあいだに同型の体験が生じているが，ここで Th が不安を抱えられずに Cl を責めてしまうと，それは補足型逆転移になる。逆に，Th が自身の苦しみを Cl の苦しみとして体験できれば，融合型逆転移になる（第 5 章参照）。本事例では，Th は Cl への同一化に気づいたと語っているので，融合型逆転移が生じていたといえるだろう。#50 では，不安を抱えられない父親と対照的に不安に耐え続ける Th の話がなされている。A は，葛藤に耐え抜く Th を体験することで，Th に肯定的な父親像を体験できたといえるだろう。だからこそ #52 では，穢れを投げつけて Th を汚染している自分を反省したのだと思われる。これは，A が穢れを自分のものとして認めているということであり，その意味で A が不安を抱えているということでもある。

また，#54 の夢において，A は Th を，不安を投げ入れるゴミ箱のよう
な存在としてではなく，指針を与えてくれる肯定的な治療者として体験
している。この夢は，A の心の中に不安を抱える Th が内在化された
（つまり抱える機能が内在化された）ということを示している。この経
過は，A が，Th を内在化することで不安を自分で抱えられるようにな
り，それゆえ，不安を投げつけられる Th に悪いと思うぐらいに Th か
ら分離した，という事態を示している。A は，Th と心の中で結合する
ことで Th から分離したのである。この時期，Th 自身も A への同一化
に気づいているが，これも A との結合を基盤にしての A からの分離と
いえよう。このように，セラピストとクライアントは，葛藤の苦しみを
通して結合し，結合を土台として分離し，互いに抱える機能をもった容
器としての心を獲得するのである。

　以上からわかるように，転移／逆転移が発展する中期は，かなり困難
な時期である。セラピストの抱える心が十分でないと，不安を投げつけ
てくるクライアントに苛立ち，Cl を責めてしまって中断することがあ
る。また，クライアントの側の抱える力が極端に低い場合も，プロセス
に耐えきれず中断してしまうことがある。

4.　終結期

　終結期では，容器としての心がより確かなものになり，セラピストと
の関係が次第に必要でなくなってくる。自立する自信が出てきて，カウ
ンセリングへの興味を失ったり，カウンセリング以外の活動に関心が向
いたりする。しかし，一方で別れの不安や悲哀が体験されたりする。再
び事例に戻ろう。

　　#77 や #78 で A は，鍵がかからない夢を語る。#80 では，町で戦争がは

じまり，Aも銃を持って戦うが，そこで会社の同僚から価値観を変えろと言われ，ついに援軍が来て戦いが終わるが，家族制度が廃止になり，家族と別れることになる，という夢を報告する。そして，「家族のカラのなかにいれば，いつまでも強迫症状は治らない。でも逆に戦えば家族を失ってしまう」と語る。その後，上司にどなられるなど，仕事のつらさや厳しさを訴える時期を乗り越えると，Aは次第に自信をつけ，ThもAに逞しさを感じるようになる。そして，#126で，ジャングルをひとりで歩きながら，この方向で良いと思っている夢を報告し，面接4年目の#130には，「自分のなかに三浦さんの弟子みたいなのがいるような気がする」と語る。#134では，母方祖父の霊に「おまえの神経質は，一生背負っていかないといけない」と言われ，逃げたい，でも受け入れないといけない，などと思っていると，祖父の顔がThの顔になり，そのタイミングでかかってきた救援隊からの電話を取ると，その声は生きているときの自分の声で，自分のほうは霊魂のように感じられる，という夢を報告している。そして，#135では，「気にはなるけれども気にならない」「何か一区切りかなと思います」「グランドキャニオンみたいな所に吊り橋を一本かけて渡った」と語る。面接は，その後1年間の紆余曲折を経て終了する。

#77や#78の夢からは，必死に不安を抱えようとするが，うまく抱えきれずに不安になるAがうかがえる。#80では，ついに守られた世界が壊れ，カタストロフィが起こるが，Aは，守られる側から守る側になる。「家族のカラのなかにいれば，いつまでも強迫症状は治らない。でも逆に戦えば家族を失ってしまう」というAの語りは，守られる立場に固執していては自分の不安を自分で抱える独立した存在になれない，しかし守られる立場を失うのは怖い，ということを意味していると思われる。とはいえ，ここでAは，揺れながらも，不安を抱えて困難に立ち向かう存在へ一歩踏み出している。容器としての心を獲得している。その後，数々の試練を乗り越えたAは，#126で独立する自信を体験し，#130ではThの内在化を確実に実感している。#134の夢につい

て，A は「祖父は神経質できれい好き，母親は自分の神経質は祖父か
らうつったといっている」と連想しているが，そこからは，A が母の
拒否的な言葉によって脅かされ，肯定的な自尊心をもてなかったことが
わかる。A は，母親を通して抱える機能を内在化することができず，
常に不安に脅かされていたが，母親の機能不全を Th が肩代わりするこ
とで，ついに，浮遊する自分自身に声をかけ，浮遊する自分自身を助け
るような自分を獲得したのである。#135 の「気にはなるけれども気に
ならない」という語りは，気になる自分を気にしない自分が宥めながら
抱えている状態，すなわち容器としての心の確立を示していると思われ
る。

　このように終結期では，抱える機能の内在化による分離というプロセ
スが進行するが，これには不安も伴うことを忘れてはいけない。#80 で
A は家族と別れる不安を語っているが，#134 の夢に見られるように，
その不安を Th から抱えられることによって乗り越えている。しかし，
夢には，Th との分離も暗示されている。すなわち，A は，自分で自分
を抱えている。浮遊する自分は，独り立ちの不安に揺れている A と考
えられるが，それを以前の自分，すなわち何度も苦難を乗り越えてきた
自分が支えているのである。A 自身の心の機能は，この時点ですでに
自立に必要な機能を備えている。しかし，セラピーの終了までは，その
後 1 年かかっている。これは，抱える機能を使いこなして独り立ちする
には，一定の期間が必要であることを示唆している。終結期に関わるセ
ラピストは，独り立ちの不安に思いを致し，カウンセリングをどう終結
していくかについてクライアントと丁寧に話し合う必要がある。

　また，独り立ちの不安と同じぐらい重要なのが悲しみの感情である。
事例からわかるように，クライアントとセラピストの間には家族にも似
た愛着関係が生じる。愛着をもった相手から離れるというのは，とても

さみしいものである。しかし，愛着というのは実際に別れが迫ってくるまではあまり意識されないものである。逆にいえば，実際の別れが近づくにつれ，悲しみは強まってくる。したがって，クライアントが悲しみをほのめかす時はもちろん，そういう話が出てこない時でも，セラピストから話題を振って，悲しみを共有する作業が重要になる。

　以上からわかるように，終結期は，成長の喜びと同時に別れの悲しみも生じるといった繊細な時期である。職業上たくさんのクライアントに会い，出会いと別れを繰り返しているセラピストは，この繊細な動きに鈍感になりがちである。河合（2003）が指摘しているように，セラピストがクライアントの成長を喜んでばかりいると，独り立ちの不安を抱えたクライアントは見捨てられたように感じてしまう危険がある。また，逆にセラピスト自身が分離不安の問題をもっていたりすると，クライアントに独り立ちの動きが生じた時，関係を否定されたように感じ，腹立ちまぎれに関係を終わらせようとしたり，逆に終結について話し合うことを避け，カウンセリングを長引かせてしまったりする危険がある。セラピストは，人生の出会いと別れ，出立の喜びと悲しみに心を開き，その過程を丁寧に生きるよう心掛けていなければならない。

　症状への対処法に固執していたAは，最後には家族的な運命に呪縛されていたことに気づき，そこから旅立って自分で人生を切り開く方向へ進んでいった。守ってくれるが呪縛してくる家族世界から自由だが未知なる世界へ移行するということは，グランドキャニオン（大渓谷）に吊り橋をかけて渡るほどの難事業であると思われる。症状への対処をめぐって展開したカウンセリングの背景で，Aは，そのような人生の難事業に取り組んでいたのである。それを成し遂げたAとそれに寄り添い続けたThに敬意を表すとともに，その経過を公開してわれわれにカウンセリングの醍醐味を教えてくれたことに感謝し，この章を閉じた

い。

引用文献

Gabbard, G. O.（2010）. *Long-Term Psychodynamic Psychotherapy. A Basic Text, 2nd edition.* American Psychiatric Publishing.（狩野 力八郎（監訳）　池田 暁史（訳）（2012）. 精神力動的精神療法　岩崎学術出版）

東山 紘久（1992）. カウンセリングの過程　氏原 寛・東山 紘久　カウンセリング初歩（pp. 71-100）　ミネルヴァ書房

河合 隼雄（1992）. 心理療法の過程　岡田 康伸・田畑 治・東山 紘久（編）　臨床心理学（第3巻）心理療法（pp. 161-191）　創元社

河合 隼雄（2003）. 新装版 臨床心理学ノート　金剛出版

松木 邦裕（2016）.［改訂増補］私説 対象関係論的心理療法入門　金剛出版

三浦 和夫（1998）. 強迫症状に苦しむ男性との面接経過　小川 捷之・横山 博（編）　心理臨床の実際6 心理臨床の治療関係（pp. 126-134）　金子書房

織田 尚生（1998/2017）. 心理療法の想像力　論創社

8 │ 精神分析の始まりと展開

│ 大山泰宏

《**目標＆ポイント**》　ヒステリーという症候群の原因の探究を通して「心因」
という考えが生まれてくるまでの経緯を知ることで，心理学的支援法のパラ
ダイムについての理解を深める。また，カタルシス療法の限界を超えようと
して精神分析が生まれてきた経緯を知ることで，精神分析の発想と意義，技
法の基本的考えについて理解する。さらに，フロイトの精神分析の適用範囲
と限界を乗り越えることにつながる，対象関係論の基本的な発想を知る。
《**キーワード**》　ヒステリー，心因，メスメリズム，催眠，カタルシス療法，
精神分析，無意識，心的現実，対象関係論

1．精神分析前夜

（1）ヒステリーと催眠療法の誕生

　19世紀のヨーロッパと米国で，医師たちを悩ませていた症候群が
あった。症候群とは，原因ははっきりしないのだが，共通する症状や病
態をもつ患者が多数観察されるときに使われる言葉である。悩んでいた
のは医師ばかりではない。特に中産階級・上流階級の人々も，この原因
がわからない病態に悩まされていた。それは，ヒステリーと呼ばれてい
た。ヒステリーという言葉は，ギリシア語で「子宮」という言葉を語源
とすることからわかるように，似たような病態は古代から知られてお
り，婦人病のひとつとして考えられていた。しかしながら，19世紀の
欧米社会では，それは希な病態というより頻繁に見られるものであり，
しかもどうやら男性にも同じような病態が少数ながら見られるもので

あった。

　ヒステリーという症候群の症状・病態は，実に多彩である。突然歩け
なくなったり（運動失行），手が動かなくなったり（麻痺），目が見えな
くなったり（ヒステリー性盲），耳が聞こえなくなったり（ヒステリー
性聾），痛みを感じなくなったり（痛覚鈍麻），逆に四六時中強烈な痛み
を感じたり（疼痛）する。こうした感覚や運動の異常ばかりでなく，意
識が朦朧としたり，記憶が欠落したり，意識を失ったりという精神症状
もある。時には，普段のその人とは人が変わってしまったとしか思えな
いような，人格変化を見せることもある。こうした症状は，ひとりの人
にひとつだけでなく複数見られることも多かった。それらをつなぎ合わ
せると，これだけ多彩な症状であっても，どうやらヒステリーというひ
とつの症候群として考えることができるのであった。

　ヒステリーの原因がわからないがゆえに，それに対する治療法は試行
錯誤であり，このような治療や介入が有効であるということが，経験的
に積み上げられていった。有効な治療法のひとつは，身体療法である。
温泉に浸かったり，冷たい水を浴びせたり，マッサージをしたりするこ
とで，症状が緩和されるのである。

　歩けなくなったり目が見えなくなったりしたとしても，調べてみても
身体には何の病変もなかった。したがって，ヒステリーの原因は，神経
系統の乱れではないかと考えられるようになった。当時すでに解剖学の
知見が積み重ねられ，また顕微鏡も発達してきていたので，身体の隅々
までに神経系統が張り巡らされ，それらは脳に集約されているというこ
とがわかっていた。そして，脳はどうやら精神機能を司る場所でもある
ということが，戦争で脳の一部に損傷を受けた人たちの症状を整理して
いくことでわかってきていた。したがって，ヒステリーに身体療法が有
効なのは，そうした神経系統の乱れに働きかけて，結果的に脳にも働き

かけるからであろうと考えられるようになった。

　ヒステリーの治療法として有効であった2つ目のものは催眠治療である。その基となったのは，18世紀末にドイツ生まれのメスメル（Mesmer, F. A.）によって開始されたメスメリズムである。メスメルの恋人が大きなヒステリー性の発作を起こしたとき，彼が磁石を使ってその体を摩ってあげると，症状が改善したのである。そこで彼は，動物磁気（magnétisme animal）という宇宙にも人体の中にも満ちている生命の根源のような「気」を，ちょうど天体の配列が潮の満ち引きを生じさせるように，治療者がしかるべき場所に誘導して整えてあげれば，症状は改善するのだと仮説して，ヒステリーの治療を行うようになり，実際それは有効であった。やがて，磁石を使わずとも施術が有効であることに気づくのだが，その前提として，施術者と被術者とのあいだの波長が共鳴し合っている状態になることが必要であるとされた。この状態がラポールと呼ばれた。

　動物磁気に基づく治療は，その特異性と有効性から世間からも注目され，当時の医学界やアカデミーを巻き込みつつ，さまざまな議論を呼び起こした。そのことでメスメルは有名となり，怪しげな治療とされながらも，彼に治療を求める者も多かった。個人療法で行う時は，患者のみぞおちあたりに手を当て，しばらくすると患者は意識がもうろうとなり，痙攣のような発作を起こす。そこから目が覚めた時には，症状が改善しているのである。また，集団療法では特殊な鉱石を入れた大きな樽（バケツ）に金属棒を入れ，これに触れることで人々は同様の反応を見せ治癒したのである。動物磁気治療は，その後も弟子たちに引き継がれていき，いくつかの流派を生み出した。その中のひとり，スコットランドの医師ジェイムズ・ブレイド（Braid, J.）は，そうした治療での現象はオカルト的なものではなく，神経系統の特定の状態から生じているこ

とを証明し，それを催眠（hypnosis）と名付け，ひとつの治療法として確立した（Braid, 1843）。

（2）心因という発想

　かくして催眠療法は，神経系統の乱れから生じると考えられていたヒステリーに，有効な治療法として盛んに行われるようになっていく。しかし，神経系統に問題があるといっても，それはあくまでも仮説であり，どのような乱れが実際にあるのかは明確ではなかった。そしてたとえ乱れがあるのだとしても，それがなぜ生じるのか，原因が今ひとつはっきりしなかった。

　神経系統の乱れから生じる疾患としては，ほかにも麻痺がある。脚が麻痺すると歩けなくなる。しかしヒステリーが示す病態は，麻痺とは異なっていることがわかってきた。また，ヒステリーは回復するときは劇的に回復するのであるが，麻痺はそうはいかない。ヒステリーは，神経系統に器質的に不具合が生じたというより，一時的にその機能不全に陥っているとしか考えられないのであるが，なぜ機能不全に陥るのかは謎のままであった。

　今の私たちなら，それは心に原因があるのだと，簡単に発想することができるであろう。体を調べても異常がないなら，それは心の問題だと。そしてそれを「心理学的支援」の対象とすることであろう。しかし，そう考えることができるのは，「心因」ということが私たちにとって当たり前の考え方となっているからである。心がどのように私たちに影響を与えているのかということが，体系化され知識となっているからこそ可能なのである。しかし，フロイトが精神分析を開始する前は，心因という考え方はなかった。

　ヒステリーの治療には，しばしば悪魔払いのようなものも行われてい

た。民間や宗教界では，ヒステリーの原因を，悪魔が取り憑いたとか，霊の仕業だとか考え，それに応じた宗教的・呪術的な介入が行われていた。そして，それはそれで功を奏することもあった。悪魔や霊という目に見えないものを原因とすることは一見荒唐無稽に思えるかもしれない。しかし，それならば，心という目に見えないものが原因となってそうなっているのだと説明することとは，どこが違うのであろうか。実はこれは，心とは何かということを真面目に考え出すと突き当たってしまう問題である。

　心理療法という言葉を提唱した井上円了（1858-1919）が明らかにしたように（井上，1894），たとえ加持祈禱のようなものであっても，その機序は心理学的に説明できる心に働きかける術（すべ）であると説明できるのであるが，それは心理学的支援ではない。心理学的支援とは，本書の第1章でも述べたように，心のメカニズムのモデルに基づくものである。心は見えないものであるが，その仕組みに関して人々が共有し，反復して実証可能にするということを通して，それは初めて，神秘的なものではなく科学的なものとなるのである。心ということに原因を求めながらも，心を科学的に表象し説明しようとしたのがフロイトであるが，このことについては本章の第2節以降で述べていこう。

（3）カタルシス療法と無意識

　ヒステリーの症状を示す患者が催眠状態になると，さまざまな過去の記憶を思い出して語ったり，そのときの体験をまざまざと再体験して強い情動の表出が見られたりすることがある。するとその後，ヒステリーの症状が消失することが多いのである。とりわけ有名なのが，フロイトとともに『ヒステリー研究』を著したヨーゼフ・ブロイアー（Breuer, J.）が報告した，アンナ・Oの治療例である。紙幅の都合で詳細は記述

できないが，彼女の多彩なヒステリー症状のひとつに，コップから水が飲めないというものがあった。しかしある日，催眠下で，嫌いだったイギリス人のお手伝いがコップで犬に水を飲ませていたのを見たことがあるという記憶を，強い嫌悪感をもって想起し語ったあとに，その症状が消失したというのである。また軽い催眠状態のもとで，ブロイアーにいろいろとおしゃべりをするだけで，気が晴れて心が軽くなったり，症状が軽快したりした。おしゃべりすることで治るというので，彼女はそれを talking cure（おしゃべり療法）と呼んだ。あるいは，心に詰まったものを外に出すようなものだということで「煙突掃除」とも呼んでいた。

　おしゃべりをして楽になるというのは，私たちも普段の人付き合いで時々体験することである。モヤモヤ引っかかり，気がかりがあるとき，それを吐き出してすっきりする方法は，カタルシス療法という。心に引っかかっているのは，過去のつらい記憶だったりすることもある。あまりにもつらいために，普段は意識の外に追いやられているのであるが，やはり心に引っかかっていて，それに苦しんでいるのである。多くのヒステリー事例では，そうした過去のつらい体験すなわち心的外傷（トラウマ）が想起されることから，ブロイアーとフロイトは，心的外傷の記憶がヒステリーの原因だと考えた。すなわち，ヒステリーは，心の中の心的外傷の記憶から生じるものであり，心に原因があるのだと考えたのである。ここに「心因」という考え方が誕生することとなる。そして，心的外傷の記憶は，本人は普段は意識していない。つまり，本人の心の中には，本人が意識していない心的内容があるのであり，それが無意識と名付けられた。

　心の中のモヤモヤを解放し排出するカタルシス療法は，確かに有効な方法である。しかし，そこにはいくつか欠点がある。ひとつ目は，それでは根本的な問題解決にはならず，モヤモヤが溜まれば同じことになる

ということである。もちろん，溜まりに溜まって手詰まりになっていたときに，カタルシスにより問題に対して新たな見方ができたり，取り組もうとする心の余裕ができたりすることはある。しかし基本的には，自分を悩ませている問題の直接的解決につながるわけではない。アンナ・Oの事例ではさらに，催眠下でカタルシスが行われていた。催眠下で，すなわち自分の意識が眠っているときに思い出したこと，行ったことは，目覚めてからではほとんど覚えていない。したがって，自分を苦しめていた心の中の秘密は，自分では知らずに治療者のほうが知っているということになるのである。これは逆転した現象であり，「私」よりも「私」の秘密をよく知っている治療者に対して，強い依存を引き起こしてしまう。

　これに加えて，ブロイアーの行った治療には，次のような構造上の問題があった。それは，治療枠（器）の曖昧さである。精神分析の考えと技法が確立する前の時期であるので，治療枠という考え方は存在しなかった。ブロイアーは，その親切心と人間味から，そしてアンナへの思い入れから，何時間もアンナの話を聴いたり，家に呼んで一緒に食事をしたりしていた。アンナも，一切食べ物を受け付けなくなった重篤な状態のときにも，ブロイアーが差し出すスプーンからは食事ができていた。このように，治療者と患者の関係を飛び越えてしまう関わりがあり，このことはアンナのブロイアーへの極度の依存を引き起こす要因となっていた。ブロイアーが，妻との旅行のため長期休暇を告げたあと，アンナはブロイアーの子どもを身ごもっているという想像妊娠の腹痛を訴え，結果的には治療を他の者に引き継がざるを得なくなった（Skues, 2006）。

2．フロイトの発想と方法

（1）無意識への接近方法：自由連想

　一方フロイトは，ブロイアーの治療法とは異なる治療法を模索していた。彼には催眠の才能がなく，患者がいっこうに催眠にかからなかったのである。しかし，だからこそ，催眠下でなくとも患者は過去の心的外傷体験を思い出すことができるということに気がつくことができた。しかしながら，思い出そうとするときには，どうやら心のバリアが働くようで，患者は言ったことをすぐに忘れたり，否定したり，言い間違ったりすることがある。特につらいことや肝心なことを思い出そうとするときにそうしたことが生じるということに気がついた。彼は，自分にとって不都合な心的内容を意識の外に追い出そうとするそうした力のことを「抑圧」と呼んだ。

　フロイトは催眠ではなく，代わりに患者をリラックスできるカウチに横になってもらい，そこで思いつくままにしゃべってもらうようにした。自分では意味がないとか馬鹿らしいとか思う些細なことでも語ってもらった。これが「自由連想」と呼ばれる方法である。そして，つらいことや肝心なことほど思い出すのが難しいということから，患者が語ったことばかりでなく，思い出せないこと，言い間違ったことなどをつなぎ合わせていくほうが，心の奥に隠れているもの，すなわち抑圧されているものが明らかにできるということを発見した。そして，一つひとつの事実をつなぎ合わせていって，そこから浮かび上がってくる患者の心のありようについての仮説を，患者に伝えていくことを「解釈」と呼んだ。この解釈によって患者は，自分の心のありようを意識化して知ることができ，この自己理解が症状の解消をもたらすのである。

　フロイトのこの発想の転換は，実に革新的な意味をもつものであっ

た。ひとつ目は，心の仕組みを探るのに，本人の言い間違いや忘却など
の誤謬を手掛かりにしようとしたことである。当時，実験心理学や精神
医学では，人間の精神の仕組みを知るために，言語連想の方法がしばし
ば用いられていた。言葉から言葉への連想をつなぎ合わせていくこと
で，概念のネットワークがわかって，それが人間の精神のネットワーク
や仕組みを知ることにつながるというのである。これに対してフロイト
の方法は，連想の連なりではなく失敗を通して心の秘密すなわち無意識
に至ろうとするものであり，まさにこれは，コペルニクス的転回とでも
呼ばれるべきものであった。2つ目の革新性は，意識を眠らせずに行う
がゆえに，患者自身が自分の心の秘密が明らかになる現場に立ち会うこ
とができるということである。このことは，患者自身が自分の心の秘密
と物語の主人公となれるという，主体性を回復することであった。

　またフロイトは，当時荒唐無稽で意味のないものとして考えられてい
た「夢」にも，無意識に接近する手掛かりがあることを見いだした。
眠っているときには，意識水準は低下している。したがって，抑圧の力
が弱まり無意識が把握されやすくなるというのである。しかしながら，
やはり，夢を見ること自体に，そして夢を言葉で報告する過程で，無意
識のもともとの姿から変形されて隠蔽されてしまっている。したがっ
て，そうした偽装工作を見抜いて，夢の分析を通して無意識を読み解い
ていくのである。

　こうして，患者の言い間違いや忘却といった誤謬を手掛かりにして，
そして夢を手掛かりにして，無意識の姿を明らかにしていく方法が，精
神分析と名付けられたのである。

（2）フロイトの人格理論の変遷

　それでは精神分析という方法と関連して，心はどのようにモデル化さ

れたのであろうか。フロイトの心のモデルは，精神分析の発展に対応しつつ，変化していく。最も初期のモデルは，抑圧によって不都合な心的内容が意識の外に追い出されて，無意識的な心的内容が形成されるというものである。こうして抑圧された心的内容はしかしながら，意識の上にのぼってこようとしたり，行動として出てこようとしたりする。抑圧する力と出てこようとする力，その相反する力動的関係のもとで変形されて表現されるものが，症状なのである。ヒステリーはこうして，無意識的心的内容が形を変えて表現されるものだと考えられた。

　精神分析によって明るみに出される不都合な記憶として患者が語るものの多くは，幼少時の性的虐待とでもいえる心的外傷（トラウマ）であった。したがって当初は，性的トラウマがヒステリーの原因だと考えられていた。確かにそうした事例も多い。しかしながら，トラウマに関連する事実は実際はなかったということが判明する事例も多かった。そこで，無意識的な心的内容は実際に体験されたことばかりでなく，本人の心にとって迫真性のある想念が重要であるのだと考えられるようになった。すなわち，歴史的事実や外的事実とは異なる，心的現実（psychic reality）という心理学的支援において重要な概念が生まれてきた。

　この心的現実はなぜ生まれるのだろうか。それは，その人のもっている願望と関連しているのだとフロイトは考えた。心的現実が願望そのものではない。ちょうど夢が無意識が変形されて出てくるように，無意識にもっている願望が変形されてひとつの表象となっているのが心的現実なのである。その願望とは，特定の内容をもった願いもあるだろうが，その根源には，もっとドロドロした形のない，人を強く突き動かすような欲動（Trieb〈独〉）が考えられるであろう。特にその中でも，性的欲動（リビドー）が重視された。性的欲動は，人間が子孫を残し種（しゅ）として生き延びていくために不可欠なものなのである。

　こうした性的欲動を含む欲動は，動物的な本能とは，すでに違ってしまっている。たとえば，動物は発情期にのみ生殖を行うが，人間は性的な観念に年中取り憑かれてしまっている。食欲だってそうである。動物はお腹いっぱいになったら食べるのをやめるが，人間はもっと食べたいと思う。あるいは逆に，命が危なくなっても食べるのを拒んだりする。すでに人間の欲動は，動物的なものを外れてしまった，人間固有の衝動なのである。こうした，まだ形にはならないドロドロした欲動が存在している場所が無意識なのである。初期のモデルで想定されたような無意識的な心的内容があるばかりでなく，欲動に満ちた「場所」として無意識がモデル化されたのである。このモデルは，局所論（topic theory）と呼ばれる。

　フロイトの心のモデルは，その後さらに変化していく。都合の悪い心的内容は抑圧されて無意識を形成するのであるが，その抑圧は無意識的に行われている。しかし無意識が無意識的に行って無意識を形成するというのでは説明が不十分である。したがって，意識－無意識とは異なった心のモデルが必要である。また，身体と心は深く連関しているが，身体をどのように心のモデルと関連づけるかの模索から，そして社会との関わりをどのように心のモデルと関連づけるかの模索から，エス（Es），自我（Ich），超自我（Über-Ich）という３つの部分を，意識－無意識の区別とは別に考えるに至った。この考え方は構造論もしくは第二局所論と呼ばれる（Freud, 1923）。

　人間はまずエスに生まれつく。それは身体を含み，無意識的であり，生きるための欲動や生命力に満ちた存在である。やがてそこに，社会的規範が刻み込まれていくことで，超自我が形成される。親からの命令や躾・禁止が内在化されたものである。それらの規範には子どもが理由もわからず従わなければならない，子どもにとっては理不尽なものであ

る。そうして理由はわからず引き受けざるを得ない規制が，自身の行動を制するものとなるのである。気ままで欲深いエス，厳しく命令し禁止する超自我，そうした矛盾した要求をつきつけてくる自己の部分ばかりでなく，生きていく上では外界からさまざまな制約や要請がある。こうした内からの要請と外からの要請を調整する役割をもつのが自我である。その調整は無意識のうちになされるものも多いので，自我の多くの部分は無意識である。そして超自我は，私たちには自分でも不合理だとわかっているのにこだわってしまう規範が多いように，相当な部分が無意識に属するのである。

3．フロイト以降の精神分析

（1）フロイトの後継者たち

　現在の心理療法につながる重要な革新を次々と成し遂げたフロイトの功績には計り知れないものがある。しかしながらそこには，その革新を可能にしたまさに同じ理由に由来する限界があった。フロイトの精神分析の方法は，無意識を意識によって把握していくということを旨としていた。そのためには，そうした反省的・顧慮的な作業ができるぐらい自我がしっかりしていなければならない。また無意識が強烈すぎたり，意識が弱っていたりすれば，やはり分析としての作業は難しくなる。実際フロイトは，精神分析の対象を，不安神経症，強迫神経症，ヒステリーに限定し，統合失調症等は適用外としている。また衝動を心の中に収めておくことができず行動化の激しい場合も，適用が難しい。

　フロイトは偉大な仕事を成し遂げたが，直接の弟子はうまく育たなかった。自説以外は許さないという態度であったので，弟子たちはフロイトのもとを去って行った。精神分析における関係性と情緒性を重視したフェレンツィ（Ferenczi, S.），個人的無意識ではなく集合的無意識の

着想に至り，統合失調症の心理療法を模索したユング（Jung, C. G.）
（第9章参照）などである。しかしながら，いずれにしろその後の力動
的心理療法の発展はフロイト抜きには考えられなかった。フロイトの発
見に依拠しつつ，そして反発しつつ，その後の先人は自らの思想を展開
させていったのである。

　フロイトの精神分析はヨーロッパに先駆けて，すでに20世紀の初頭
から米国でアカデミズムに受け入れられた。子どもの性的欲動（リビ
ドー）の発達理論（小児性欲理論）が発達心理学と結びついたこと，ま
た，幼少期の家族関係をその人の精神形成と結びつけて考えたことなど
が，心理学を教育（人育て）に応用しようとしていた米国の心理・教育
の学界のニーズと合致したためである。また，第二次世界大戦中には，
ナチズムに追われて多くの優秀な精神分析家（彼らは医師でもあった）
がドイツから米国に亡命したため，米国では精神医学の中で精神分析が
発展し広く普及していくことになる。

（2）対象関係論の発展

　フロイト以降の精神分析の理論の中で，最も重要なものは対象関係論
（object relation theory）であろう。対象関係論はフロイトの思想をさ
らに深め，その限界を乗り越える動きにつながっていく。フロイトの思
想は，先述したように自身の心の在り方を意識し把握していくことを旨
としており，分析家による解釈はそれを促すものであった。しかし先述
したように，それは自我が成立して以降のこと，すなわちエディプス期
と呼ばれる時期以降の心的構造をもっていなければ不可能なものであ
る。フロイトが神経症に精神分析の適用範囲を限ったのも，そのためで
あった。

　これに対して，エディプス期以前の時期の心理状態での精神分析の可

能性を開いたのが，対象関係論である。対象関係論は，英国の精神分析家メラニー・クライン（Klein, M.）が，子どもに対して精神分析的治療を行う中で着想し展開させていった思想である（Segal, 1973；松木, 1996）。その後，多くの分析家たちがその仕事を引き継ぎ，さまざまな学派に分化しつつ，ひとつの大きな潮流となっている。人はひとりで生まれついてひとりで育っていくのではない。人生の最早期では，授乳され育まれるという関係（あるいはそれが剥奪されている関係）に置かれ，いずれにしても自分を育む「対象」との関係性がある。生まれたばかりの乳児にとって，母親の乳房は，あるいは母親の存在自体が，自己とは別の「対象」として認識されていないかもしれない。自分が不快になったり空腹になったりすれば，すぐにミルクを与えてくれたり宥めてくれたりする存在であれば，それはまるで自分自身の一部として感じられるであろう。他者が与えてくれているものでありながら，自分自身の器官の一部として，あるいは自分自身の有能性がなせるものとして思い込んでいるであろう。ところが，それは他者に属するものであるがゆえに，いつでも自分を満たしてくれるとは限らない。自分の欲求とその充足には必ずやズレが生じる。しかしそのズレを通してこそ，それは自分の一部ではなく他者であることに気づくことができ，やがては他者の表象が可能となっていくのである。「わたし」とは，そうした対象との一体化した関係から，対象との関係性を通して生まれてくるものなのである。このように対象関係論は，自我が成立する以前の心理状態を考えるゆえに，統合失調症や境界性人格障害など，従来の精神分析では扱いにくかった精神疾患に対して，精神分析的なアプローチを可能とするものである。

　対象関係論で重視されるのは，セラピストとクライアントの転移の関係である。転移はフロイトの精神分析においても重要なものであった

が，対象関係論ではさらにそれを重視する。対象関係論と対比してフロイトの考え方は，「一者心理学（one-person psychology）」と呼ばれることがある。個人のパーソナリティ内部において，欲動がどのように発達展開していくのか，あるいは自我や超自我といった心的装置内部の力動的関係がどのようなものであるかということから，個人の行動や症状を考えるのである。そこではセラピストの役割は，クライアントの心を描き出して伝える科学者のような存在である。これに対して，対象関係論の近年の発展においては，自らを「二者心理学（two-person psychology）」と呼ぶ。すなわち，人生最早期の在り方に，自己と一体となったり離反したりした対象が重要であったように，クライアントの心はセラピストとの関係性の中に位置し，その中でこそ動いていくものである。セラピストの心もしかりである。クライアントと，まさに関係しているその瞬間瞬間において，生まれ，動き，感じ取っていく。精神分析では，セラピストはもはや，クライアントの心を客観的に見つめる科学者ではない。自らの中に生まれてくる言葉にならない感覚に気づき，そこから想像・思考し，クライアントに何が起こっているのかだけでなく，今自分に何が起こっているかにも注意を向け続ける。そうした二者の関係の中では，それぞれが自我をもつ2人が関係をもつばかりでなく，両者が融合し共鳴するような，ひとつの無意識の「系」があるのである。

　こうした位相への着目は，ある意味で精神分析以前のメスメリズムをも想起させるかもしれない。フロイトの精神分析は，両者の共鳴や融合を否定するところから成立したが，その仕事の成熟の結果，再びそれが否定したものを含めた探究が続けられているともいえるのである。

引用・参考文献

Braid, J. (1843). *Neurypnology ; or, the rationale of nervous sleep, considered in relation with animal magnetism.* Adam & Charles Black.

Freud, S. (1923). *Das Ich und das Es.* Internationaler Psychoanalytischer Verlag.（竹田 青嗣（編）中山 元（訳）(1996). 自我とエス　自我論集（pp. 203-272）ちくま学芸文庫）

井上 円了 (1894). 妖怪学講義　巻5心理学部門　哲学館

松木 邦裕 (1996). 対象関係論を学ぶ――クライン派精神分析入門――　岩崎学術出版

Segal, H. (1973). *Introduction to the work of Melanie Klein.* Hogarth Press（岩崎 徹也（訳）(1977). メラニー・クライン入門　岩崎学術出版社）

Skues, R. (2006). *Sigmund Freud and the history of Anna O. : reopening a closed case.* Palgrave Macmillan.（岡本 彩子・馬場 謙一（訳）(2015). フロイトとアンナ．O――最初の精神分析は失敗したのか――　みすず書房）

9 | ユング派心理療法の展開

橋本朋広

《**目標＆ポイント**》 ユングの提唱した分析心理学に基づくユング派心理療法が，これまでどのように展開してきたか，今後どう展開し得るのかを見ていく。個性化過程を理論的な中核とする分析心理学では変容の段階が重視され，これまで，その特質を共有しつつ，古典派・発達派・元型派と分かれて発展してきたことを見ていく。また，わが国では，河合隼雄が箱庭療法を通して紹介し，彼によって，解釈を否定し，非個人的関係を重視する独自の立場が開かれたことを見ていく。
《**キーワード**》 分析心理学，個性化過程，変容の段階，古典派・発達派・元型派，河合隼雄，箱庭療法，非個人的関係

1. はじめに

「ユング派心理療法（Jungian Psychotherapy）」は，ユング（Jung, C. G.）が創始した「分析心理学（Analytical Psychology）」を理論的基盤として実践される心理療法である。分析心理学は，ユングが自分の構想した心理学を呼ぶ時に用いた名称であるが，現在では「ユング心理学（Jungian Psychology）」という名称も用いられる。日本では，わが国最初のユング派分析家である河合隼雄によって 1960 年代に導入され，その後彼の活躍により広く世間に知れ渡るようになった。河合が 1967 年に発表した『ユング心理学入門』（河合，1967）は，今も日本におけるユング派心理療法の最高の入門書である。

2019 年 12 月現在，わが国には，正式な国際資格をもつユング派分析

家が 40 名以上おり，そのうち 40 名が日本ユング派分析家協会（AJAJ：Association of Jungian Analysts, Japan）に属している[1]。AJAJ は，国際分析心理学会（IAAP：International Association for Analytical Psychology）に加盟し，教育訓練機関である日本ユング心理学研究所を有し，そこで分析心理学の普及活動とユング派分析家の養成を行っている[2]。また，わが国には日本ユング心理学会（JAJP：The Japan Association of Jungian Psychology）があり，そこでは分析心理学やそれに基づく心理療法に関する調査・研究活動がなされるとともに，AJAJ との連携のもとに「認定心理療法士」の資格認定が行われている[3]。2019 年 12 月 25 日の時点で，学会の会員数は 682 名[4]，認定心理療法士は 48 名である[5]。

　このほか，分析心理学に関連の深い学会として，日本箱庭療法学会（The Japan Association of Sandplay Therapy）がある（正会員数 2,048 名[6]）。そこでは，箱庭・夢・描画などを用いた心理療法の理論と実践について調査・研究がなされている。箱庭療法は元来分析心理学を理論的基盤としているが，わが国では両者のあいだに特別な関係がある。すなわち，河合が日本にユング派心理療法を導入する際，彼は，まず箱庭療法を中心に紹介し，その実践の広がりを通して徐々に分析心理学の理論と夢分析を紹介していったのである（河合，1995，pp. 50-51）。

　ユング派分析家や認定心理療法士の数だけを見ると，わが国においてユング派心理療法を実践しているセラピストは少数であるように見えるが，ユング心理学会や箱庭療法学会の会員数からわかるように，資格はもっていなくてもユング派心理療法のアプローチを採用しているセラピ

1　http://www.ajaj.info/member.html（2019 年 12 月 25 日）
2　http://www.ajaj.info/index.html（2019 年 12 月 25 日）
3　http://www.jajp-jung.info/index.html（2019 年 12 月 25 日）
4　https://gakkai.jst.go.jp/gakkai/detail/?id=G02255（2019 年 12 月 25 日）
5　http://www.jajp-jung.info/images/shikakusha_list.pdf（2019 年 12 月 25 日）
6　https://gakkai.jst.go.jp/gakkai/detail/?id=G01208（2019 年 12 月 25 日）

ストは相当な数にのぼる。筆者もそのようなセラピストのひとりであり，これまでユング派分析家に教育分析やスーパーヴィジョンを受けたり，日本ユング心理学研究所のセミナー，箱庭療法学会やユング心理学会の活動などに参加したりしながら，セラピストとしての訓練を続けてきた。

　本章の目的は，ユング派心理療法の展開について説明することだが，その狙いは実践的なアプローチとしてのユング派心理療法がどのように展開してきたか，そして今後どう展開し得るのかを見ていくことである。したがって，ユング派心理療法の社会・歴史的展開や分析心理学の理論的展開についての説明は最小限にとどめる。それらについては関連文献を挙げておくので，そちらを参照してほしい。

2．ユングの分析心理学

　分析心理学を提唱したとき，ユング（Jung, 1929b/2018）は，心理療法に「告白（confession）」，「解明（elucidation）」，「教育（education）」，「変容（transformation）」の四段階を想定し，告解などの宗教儀礼から催眠に至るカタルシス法全般を告白の段階，精神分析を解明の段階，個人心理学を教育の段階に割り当て，それらすべての段階を含みつつそれに変容の段階を加えたものが分析心理学であると述べた。

　ユングのいうところを現代風に言い換えれば，変容の段階において心理療法のパラダイムが転換する。すなわち，それ以前の3つの段階では，セラピストが技法をクライアントに適用する。しかし，変容の段階において技法を適用されるのはセラピスト自身となる。セラピストは，技法を自分自身に適用し，自己を変容させ，そうして変容した自己を通して心理療法のプロセスに影響を与え，クライアントの変容を促す。

　セラピストは，心理療法のプロセスの中でクライアントが抱える無意

識的な問題に影響され，その問題が引き起こす困難に巻き込まれる。そして，自分自身がその問題に取り組み，困難を乗り越えるよう強いられる。そのためセラピストは，自分自身が体験する無意識的な問題に取り組むことができなければならない。分析心理学は，セラピスト自身が無意識の問題に取り組むための知であり，その心理療法は変容の段階を中心に据える。

　このような分析心理学の性質は，ユングが自身の私的人生とセラピストとしての職業人生を必死に生きた，その論理的な帰結であるように思われる。この点については，ユングの自伝（Jung, 1963/1972 & 1973）やユングの人生と思想を論じた河合俊雄（1998）の著書を参考にしてほしい。本章では，変容の段階の重視という性質が生じてくる背景と関連がある場合に限り，ユングの人生に言及したい。

　まず，変容の段階を重視する背景の中核には，「個性化過程（individuation process）」の理論がある。極端にいえば，「コンプレックス（complex）」，「補償（compensation）」，「集合的無意識（collective unconscious）」，「元型（archetype）」，「ペルソナ（persona）」，「影（shadow）」，「アニマ／アニムス（anima/animus）」，「自己（self）」などの諸概念は，個性化過程という現象の把握へ向かって集約されるといっても過言ではない。分析心理学における個性化過程の核心的な重要性は，ユング自身が，自分の人生を「無意識の自己実現」の物語として把握していることにも示されている（Jung, 1963/1972）。

　このことは，これらの諸概念によって描かれる心の働きに関する理論的図式にも示される（Jung, 1928/1982）。すなわち，心は補償機能によって自らの均衡を調整する。コンプレックスに翻弄されている自我は，世界や他者や自分を主観的なイメージを通して体験するため，最初は自分が見ているものが主観的イメージであると気づかないが，徐々に

それらが主観的イメージによって作られたファンタジーであると気づき，自分を捉えているファンタジーを理解するようになる。ファンタジーとそれを構成するイメージは個人的経験の要素を内に含むため人それぞれ独自なものであるが，形式的に見れば似た形態をもち，ペルソナ・影・アニマ／アニムスといったように類型化される。自我は，独自な仕方でそれらのイメージと関係しながら，ファンタジーに含まれるコンプレックスを自覚し（個人的無意識の解明），さらにはペルソナ・影・アニマ／アニムスのイメージに含まれる普遍的な意味を肯定面・否定面の両方を含めて認識し，ついには自我を超えてそれを規定している自己の作用を実感し，自己との関係に基づいて人生を形作るようになる。

　ここで重要なのは，ユングが，個人的無意識の内容やパターンを解明することを超えて，個人のファンタジーを規定している集合的なイメージ（元型的イメージ）とその意義を認識し，それらと対話的な関係をもちながら独自な人生観を作ることを強調した点である。元型的イメージには，人間を集合的なパターンに縛りつける否定的な側面と，人間に生命との深いつながりを与えてくれる肯定的な側面がある。この肯定的な側面を個人の人生において実現するには，人類普遍の次元（集合的次元）で永遠回帰する元型的イメージに翻弄されるだけではなく，その両義性を自覚しながらそれらと個性的に関係していく自我の主体性が必要になる。こうして，自我と元型的イメージとの対話によって個人の人生が真に個性的になっていくことが個性化過程である。

　以上のような個性化過程の理論は，ユングが，フロイトとの決別によって生じた人生の方向喪失を生き抜く中で獲得されたものである。すなわち，彼は，情動的な混乱の中であえてファンタジーに没入し，ファンタジーに登場するイメージを絵に描いたり，それと対話したりし，そ

れからイメージやファンタジーの意味を歴史的・文化的な文脈と関連づけて理解していった（この作業の全体を「能動的想像（active imagination)」という）（Jung, 2009/2010)。そして，方向喪失の背景に，自我の一面的な態度とそれを補償する元型的イメージとの対立があることを見抜き，人生を生き抜くためには，自我が元型的イメージとの関わりの中で変容していくこと（個性化過程）が必要だと認識したのである。

　このようなユングの人生上の出来事以外に，分析心理学が変容の段階を強調する背景には，もうひとつユングにおける実践上の特質がある。ひとつは，ユングがその臨床経験を統合失調症の治療によって開始したこと。これにより彼は，妄想や幻覚の理解に関心を向けるようになったが，それらの症状の形成や意味は個人史に還元するだけでは理解できず，イメージやシンボルに関する歴史的・文化的研究が必要であった。もうひとつは，人生後半にユングが心理療法を行っていた患者の多くが，社会的に成功しているが人生に行き詰まりを感じている人生後半の人々であったということ（Jung, 1929a/1989）である。彼は，若い神経症患者には精神分析や個人心理学の方法を用いていたが，人生後半の人々については，変容の段階のアプローチが重要と考え，積極的に能動的想像を用いていた。これに関連してユングは，転移解釈を解明の段階に位置づけつつ，転移の背景には個人史に還元できない元型的パターンがあり，転移を個人史に還元して解釈するだけでは不十分で，患者と治療者は転移を契機にして発生してくるファンタジーやイメージと対話し，その意味を理解する必要があると考えた（Jung, 1937/2018, 1958/1994)。

　以上のような背景から，ユング（Jung, 1929a/1989）は，セラピストはクライアントを治療したり教育したりしようとする態度を捨て，クライアントの個性化過程に従い，クライアントが自分でイメージやファンタジーを体験するのを促すよう強調した。そして，セラピスト自身もそ

れらの影響を受けながら意味を探求し，自分の発見をクライアントに積極的に伝え，変容の段階を生きる必要があると述べたのである。

3．ポスト・ユンギアンの展開

　サミュエルズ（Samuels, A.）は，ユング以後のユング派分析家を「ポスト・ユンギアン（Post-Jungians）」と呼び，ユング派心理療法の展開を概説している（Samuels, 1985/1990）。彼によれば，現代のユング派心理療法は，主に「古典派（Classical School）」，「発達派（Developmental School）」，「元型派（Archetypal School）」の３つに分類される。

　これらの学派は，３つの理論的領域と３つの臨床的側面のどこを強調するかという点で異なる。古典派は「自己の概念」と「自己の象徴的体験」を重視し，発達派は「人格発達」と「転移／逆転移の分析」を重視し，元型派は「元型的なものの定義」と「高度に分化したイメージの検討」を重視する。また，方法的には，発達派は転移／逆転移に注目する「相互作用の弁証法（ID：interactional dialectic）」の方法を用い，古典派と元型派はイメージ体験やその意味に注目する「古典的・象徴的・総合的（CSS：classical-symbolic-synthetic）」な方法を用いる。

　このような学派の違いは，ユングの分析心理学を批判的に継承することから生じてくる。たとえば，自己の概念と自己の象徴的体験を重視し，個性化過程を志向する古典派においては，夢や能動的想像で体験されたイメージを，神話などの歴史的・文化的素材を参照しながら意味を理解していく「拡充（amplification）」という方法を用いるが，イメージの意味を心の補償機能による個性化過程といった視点から解釈するあまり，個々のイメージ体験がもつ多義的な意味を捉え損なったり，セラピスト－クライアント間の転移／逆転移を見逃したりする可能性がある。

　発達派は，このような古典派に内在する問題のうち，特に転移／逆転

移への視点が欠落している点を批判し，実践の中に転移／逆転移の解釈
を積極的に組み込むことで発展してきた。この学派は，特にロンドンで
大きな発展を遂げたが，これにはロンドンにおける対象関係論の発達が
影響している。すなわち，乳幼児期における無意識的空想や投影同一化
の理論と交流することで，元型的パターンという観点から乳幼児の発達
を把握したり，その理解を踏まえて転移／逆転移に含まれる個人史的側
面と元型的側面の相互連関を理論化したりして，ユング派心理療法の中
に転移／逆転移へのアプローチを組み込んだ（Fordham, 1986/1997）。
そのためこの学派は，寝椅子を用いて週4回以上分析するという精神分
析のスタイルを採用するようになった。

　これと対照的に元型派の場合，イメージやファンタジーの体験をすべ
て個性化過程という筋書きに回収してしまう古典派の姿勢を批判した。
そして，個々のイメージやファンタジーがもつそれ固有の形態と意義に
注目し，それらが独自な仕方で人間の経験を「魂（soul）」の経験と呼
ばれるようなものへ深めていくイマジネーションの働きを重視した。そ
れゆえこの学派は，個人的経験を字義通りに受け取る人間中心的な見方
や実証性を字義通りの真理とする経験科学的な見方を避け，発達派にお
ける発達的観点やそれに基づく転移／逆転移の理解をも批判する。元型
派の場合，治療スタイルとしては，定期的な面接を対面で行い，夢分析
や能動的想像を用いるオーソドックスなスタイルをとるが，何よりも重
視するのは，対話を通して経験をメタファー的に見ていけるようイマジ
ネーションを養成し，クライアントが自身の住まう世界を魂の世界のよ
うに体験できるようにしていくこと（「ソウル＝メイキング（soul-mak-
ing）」）である（Hillman, 1985/1993）。

　ユング派心理療法は，以上のように古典派・発達派・元型派に分かれ
て展開してきているが，いずれの学派も変容の段階を重視するという点

では共通である。すなわち，古典派と元型派では，イメージ体験の捉え方は違うが，セラピストも拡充などによって積極的にクライアントのイメージ体験に参加し（CSS），発達派では，逆転移の理解を通して積極的に転移／逆転移を解釈していくのである（ID）。

　ところで，このような世界的な潮流の中で，わが国におけるユング派心理療法は独自な展開を見せている。すでに述べたように，河合隼雄は，まず箱庭療法を中心に紹介し，その実践の広がりを通して徐々にユング派心理療法を広めていった。これには，1960 年代当時，夢分析などを前面に押し出すと非科学的の烙印を押されかねないという消極的な理由もあったようだが，他方では，非言語的な視覚的イメージを直観的に体験するほうが日本人の心性に即しており，箱庭療法を拠り所にするほうが，心理療法の実践やイメージに関する理論を理解してもらいやすいという積極的な理由もあったようである（河合，1995）。

　ところで，この経過において非常に注目すべきは，河合がしばらくのあいだ，箱庭の象徴について説明したりせず，セラピストとクライアントの関係を大切にし，クライアントの自由な表現を促すことを，ただひたすらに強調した点である（河合，1995）。ユングとポスト・ユンギアンの展開に関するこれまでの説明から，河合のこの姿勢が，ユング派心理療法における変容の段階の強調という伝統を踏まえていることは明らかであろう。しかし，河合の立場には，世界的な潮流とは大きく異なる非常に独創的な点がある。それは，解釈の否定，究極的には治療的態度の否定ともいえるような立場である。

　この立場は，河合が，西洋で生まれた分析心理学との徹底した対話を通して見出していった立場であると思われる。すなわち，意識や自我の在り方という点で大きく異なる西洋において生まれた分析心理学と心理療法を，日本人である河合が真の意味で体得し，日本人に役立つものに

するにはどういう理論と実践が必要になるか，という問題意識から生まれてきた立場である。河合（1995）は晩年，華厳思想や大乗起信論の哲学を参照しながら，心理療法における「非個人的関係」を強調したが，ここには，無意識と対決しながら己を打ち立ててくる自我が，己に対決してくる無意識と対話しながら変容していく西洋のモデルとは異なるモデルがある。それは，関係の布置によって生起する自我が，自我性の否定を通して縁起の世界へ深まっていき，慈悲に開かれていくといった東洋的モデルである。

　わが国の箱庭療法では，河合の影響もあって，作られたものを母親像であるとかアニマ像であるとか解釈して理解しようとするのではなく，箱庭の世界のほうに躍動性や破壊性，美しさや悲しさが実現していくのを大切に見守ろうとする。そこで自己実現するのは箱庭の世界であり，自我はその世界に照らされて非個人的な関係へ開かれ，救われるのである。実は，この見方こそが，「無意識の自己実現」というユングの考え方の神髄であるかもしれないのである。

　サミュエルズは，『ユングとポスト・ユンギアン』の日本語版で訳者の求めに応じて，河合を元型派に分類している（Samuels, 1985/1990）。これは，河合がイメージ体験を重視しているという点で妥当であるが，その立場は西洋的伝統に基づく元型派とは微妙に異なっているように思われる。河合の立場をどう継承し深化させていくことができるか。これが今後のわが国におけるユング派心理療法の課題であるように思われる。

　現代の臨床心理学では，エビデンスによって有効性を示すマニュアル的な心理療法がもてはやされている。このこと自体は良いとも悪いともいえない社会的ニーズであるが，それらのニーズとそれに呼応して作られた心理療法が，生老病死といった人生苦の救済に真に応え得るかどう

かは定かではない。そもそも心理療法は科学であって救済などといった
宗教的問題には関わらないといえばそれまでだが，もしそうであるな
ら，それが人生苦に関わる根拠は何なのか。科学的な営みの根拠が客観
性にあるというのであれば，そのような存在論の上に立ちながら主観的
現象としての人生苦に関わり得ると主張する根拠は何なのか。それらの
問いは，よく考える必要のある問題である。ユングは，これらの問題を
意識していればこそ変容の段階を強調したし，河合隼雄もその姿勢を引
き継いで，主体性や関係性を組み込んだ「臨床の知」（中村，1992）を
強調した（河合，2003）。その意味で，心理療法に関与するセラピスト
自身の変容を重視し，その姿勢の果てに治療的態度の否定といった究極
的方向を示唆するユング派心理療法は，現代の臨床心理学にとって今な
お重要な意義を有していると思われる。

引用文献

Fordham, M. (1986). *Jungian Psychotherapy.* Karnac. （氏原 寛・越智 友子（訳）
　　（1997）. ユング派の心理療法　誠信書房）

Hillman, J. (1985). *Archetypal Psychology.* Dallas：Spring Publications, 2nd printing.
　　（元型的心理学　河合 俊雄（訳）（1993）. 元型的心理学（pp. 7-102）　青土
　　社）

Jung, C. G. (1928). *Die Beziehungen zwischen dem Ich und dem Unbewußten.*
　　Zürich：Rascher, 1933. （野田 倬（訳）（1982）. 自我と無意識の関係　人文書
　　院）

Jung, C. G. (1929a). Ziele der Psychotherapie. *Seelenprobleme der Gegenwart,* 5.
　　Zürich：Rascher, 1950. （林 道義（編訳）（1989）. 心理療法の目標　心理療法
　　論（pp. 33-62）　みすず書房）

Jung, C. G. (1929b). Die Probleme der Modernen Psychotherapie. *Seelenprobleme
　　der Gegenwart,* 5. Zürich：Rascher, 1950. （現代の心理療法の問題　横山 博

（監訳） 大塚 紳一郎 （訳）（2018）. 心理療法の実践（pp. 15-63） みすず書房）

Jung, C. G.（1937）. The Realities of Practical Psychotherapy. *The Collected Works of C. G. Jung,* 16（2nd ed.）New Jersey, 1966.（心理療法実践の現実 横山 博（監訳） 大塚 紳一郎 （訳）（2018）. 心理療法の実践（pp. 143-161） みすず書房）

Jung, C. G.（1958）. *Die Psychologie der Übertragung. Die Gesammelten Werke von C. G. Jung, 16.* Zürich：Rascher Verlag.（林 道義・磯上 恵子 （訳）（1994）. 転移の心理学 みすず書房）

Jung, C. G.（1963）. *Memories, Dreams, Reflections.* Pantheon Books.（河合 隼雄・藤繩 昭・出井 淑子 （訳）（1972 & 1973）. ユング自伝 1 & 2 みすず書房）

Jung, C. G.（2009）. *The Red Book: Liber Novus.* W. W. Norton & Company, Inc.（河合 俊雄 （監訳）（2010）. 赤の書 創元社）

河合 隼雄（1995）. ユング心理学と仏教 岩波書店

河合 隼雄（1967）. ユング心理学入門 培風館

河合 隼雄（2003）. 新装版 臨床心理学ノート 金剛出版

河合 俊雄（1998）. ユング 講談社

中村 雄二郎（1992）. 臨床の知とは何か 岩波新書

Samuels, A.（1985）. *Jung and Post-Jungians.* Routledge & Kegan Paul.（村本 詔司・村本 邦子 （訳）（1990）. ユングとポスト・ユンギアン 創元社）

10 | ロジャーズと来談者中心療法

大山泰宏

《**目標＆ポイント**》 現在のカウンセリングの基礎をなしているロジャーズの思想の変遷を辿る。来談者中心療法の発想，その意義や問題点はどのようなものであろうか。それを通してカウンセリング・心理療法における基本的なセラピストの態度について，再整理して理解する。さらには心理療法の共通要因について考えたい。
《**キーワード**》 非指示的療法，来談者中心療法，reflection，学生相談，甘え，共通要因

1. 来談者中心療法

（1） 来談者中心療法の基礎概念

　受容と共感，そして傾聴。カウンセリングといえば，真っ先にこのようなイメージをもつ人は多いのではないだろうか。セラピストがクライアントの語ることにしっかりと耳を傾けて，それを否定せずに受容し共感していく。こうしたカウンセリングのイメージは，米国のロジャーズ（Rogers, C. R.）が提唱したカウンセリングのスタイルである。

　ロジャーズは 1902 年に米国のイリノイ州に生まれた。敬虔なプロテスタントの家庭に育ち牧師を目指すが，人間の本質を原罪とする教えに疑念を抱くようになり，人間を知るためには心理学が有効であるとして興味をもち，大学で臨床心理学を学び直した。その後，虐待を受けた児童の臨床に関わる中で，自らのカウンセリングのスタイルと理論を確立した。

　カウンセリングは，もともと教育分野から出てきたものである。それ
までのカウンセリングはガイダンスと近く，カウンセラーの役割といえ
ば対象者のパーソナリティを判断し，それに適切な教育的指導や矯正を
行うことであった。また，一方ではフロイト派の精神分析の影響も強
く，人格形成上の問題を探りだして解釈して介入をするというもので
あった。さらには，心理治療といえば精神科医の権限がとても大きかっ
た。いずれにしても治療者といえば，対象者よりも対象者のことをよく
知っているとされる存在で，その知識を利用し相手を改善していくのが
カウンセリングであった。

　しかしロジャーズは，問題行動がたとえ「矯正」されたとしても，し
ばらくあとには非行を繰り返す例がとても多いという事態に直面し，そ
れまでのカウンセリングに疑問を抱くようになった。ロジャーズはやが
て，いずれもフロイトから離反したアドラー（Adler, A.）とオットー・
ランク（Rank, O.）の米国での講演に出合い，新しいヒントを得ること
になる。特にランクの考えはロジャーズに決定的な影響を与えること と
なる。ランクによれば，人間は生まれ落ちて母胎を離れたときから，そ
の不安と孤独を何とかしようとひたむきな努力を主体的に能動的に行っ
ている。真のセラピーとは，クライアント自身，すなわち彼・彼女らが
どんな困難を抱えているか，何を望んでいるのか，何をなそうとしてど
んな努力をしているのかといったことを中心として，展開されなければ
ならないという発想である。そしてアドラーにおいても，劣等感が活動
の原動力となっているということが説かれたが，そのようにクライアン
トの主体的な努力ということを軸に考えるスタンスは，生育史の詳細を
読み込んで歪んだ人格が形成された要因を探すよりも，より明確にクラ
イアントを理解することにつながるということにロジャーズは気づいた
のである。ロジャーズは，カウンセリングに訪れる人を「患者（pa-

tient)」ではなく「来談者（client）」と呼ぶことを提唱したが，それは
ランクの用語を借用してのことである。また，共感という概念も，ラン
クの使用した Einfühlung（感情移入，共感）からヒントを得たもので
あるという（金原，2013）。

　アドラーとランクの考えがロジャーズの心に響く背景には，彼の被虐
待児や非行少年での膨大な事例数の実践があった。その集大成ともいえ
る書物 *The Clinical Treatment of the Problem Child*（1939）を 37 歳の
ときに出版するが，そこでは子どもの詳細な見立て方に加えて，良きセ
ラピストの条件のひとつとして提言された「個人の尊重」は，後の来談
者中心療法のアイデアにつながる発想である。

（2）来談者中心療法の展開

　オハイオ州立大学の臨床心理学の教授として招かれたロジャーズは，
1942 年に記念碑的な著作 *Counseling and Psychotherapy* を出版した。
この本は，またたく間に米国で話題になった。そこには，カウンセリン
グに関する新しい発想が満ちていたからである。まずロジャーズは，こ
のタイトルにあるようにカウンセリングと心理療法を併記することで，
その両者は究極的に同じものであると主張した。カウンセリングは先述
したように，教育や職業指導の分野から出てきたものである。これに対
して心理療法は，精神分析や医学といった分野で，心理的な治療を行う
ものであった。しかしロジャーズは，「最高度で強力なカウンセリング
は，強力で効果的な心理療法と区別できない」と主張した。セラピスト
という心理療法由来の言葉と，クライアントというカウンセリング由来
の言葉を「セラピスト－クライアント」という組み合わせで用いている
ことからも，その主張が窺い知れる。ロジャーズは，それまでの古い方
法である命令やアドバイス，勧告や元気づけ，励まし，カタルシス，助

言，知性化された解釈を否定し，セラピストの基本的な態度として「非指示的（nondirective）」であることを新しい方法として提唱した（非指示的療法）。そして，クライアントの言葉や感情の反射（reflection：照らし返すこと），すなわち，クライアントの言葉をそのまま繰り返したり，クライアントが感じている感情を明確化して言葉を伝えることを，カウンセリングの基本的な技法とした。そしてこの反射は，セラピストの傾聴と受容的態度に支えられている。カウンセラーが温かい受容的な態度でもって，クライアントの感じていることや考えていることをその真心から関心をもって受け止めて，強制や圧力を与えることなく，それをクライアントに照らし返していくことで，カウンセリングのプロセスすなわちクライアントの変容は展開していくとしたのである。

　ロジャーズの人間観の根本には，人は本来的に成長していこうとする力をもっており，それを十分に発揮させる条件を整えてあげれば，それが開花し成長していくという考えがあった。ロジャーズ自身が述べていることであるが，これは植物の成長に喩えられる。植物が育つのに適した条件を与えてあげるならば，その成長を阻害しているものを取り除いてあげるならば，すくすくと本来の姿に成長していくというのである。

　ロジャーズは 1951 年には *Client-Centered Therapy : Its Current Practice, Implications and Theory* を上梓する。ここでロジャーズの方法は，「非指示的療法」から「来談者中心療法（client-centered therapy）」と名前を変えている。「非指示的」というのはセラピスト側の技法に関する名称であったが，これをさらに一歩進めて，クライアントの側の体験へと視点を移しているのである。セラピストが非指示的な態度で reflection を行うことで，クライアントは，自分が言ったこと，自分が今そのようにあることに気づき，自分自身に立ち戻っていくのだと，クライアント側の体験談を引用しつつ説明されている。

1957年には，「治療におけるパーソナリティ変化への必要にして十分な条件（The necessary and sufficient conditions of therapeutic personality change.）」という論文が発表され，来談者中心療法の考え方がさらに明確に表明された。ここでは，カウンセリングにおいて人格の変化が生じるときには，いくつかの条件が揃うことが必要で，その条件さえあれば人格変化が結果として生じるとされた。その条件とは ①２人の人間が心理的に接触していること，②うち一方の人，すなわちクライアントと呼ばれる人は，自己不一致の状態にあり，傷つきやすく不安な状態にあること，③もう一方の人，すなわちセラピストと呼ばれる人は，関係性において自己一致し統合されていること，④セラピストはクライアントに対して無条件の肯定的（積極的）関心を体験していること，⑤セラピストはクライアントの内的参照枠の共感的理解を体験しており，その体験をクライアントに伝えようと努力していること，⑥セラピストの共感的理解と無条件の肯定的関心をクライアントに伝えることが最小限でも達成されていること，である。建設的な人格の変化のためには，この６つの条件以外は必要なく，これらが持続していけば十分であるとロジャーズは指摘した（Rogers, 1957）。これらの６つの条件のうち，③自己一致，④無条件の肯定的関心，⑤共感的理解，がその後のロジャーズ理論の広まりの中で，「ロジャーズの三原則（中核三原則）」として強調されることになった（第３章参照）。

　ここで留意しなければならないのは，これらの６つの条件は技法として意図的に行うようなものではないということである。これらの条件が満ちればカウンセリングの中での人格の変化が結果的に生じるのであって，セラピストが自己一致して無条件の肯定的関心を示し，共感的理解をすれば，人格変化をもたらすことができるとされているのではないのである（④，⑤において，「行えば」ではなく，「体験していれば」と

なっていることに留意したい）。ここにカウンセリングを操作的な技法ではなく，本来あるべき人間関係が実現されたところで自然的に生じる現象であると考えるロジャーズの思想の重要な点がある。しかしながら，まさにそのため，ロジャーズの来談者中心療法が広がっていく上で，いくつかの難しさを抱え込むことになってしまう。ロジャーズが徹底的に技法やノウハウを示さなかったがゆえの困難さである。たとえば，自己一致，無条件の肯定的関心，共感的理解は，確かに重要なものであるが，実際のセラピーの中では実現することが難しく，実はほとんど見られない理想状態である。理想が掲げられてもそこに至るのにはどうすればよいのか。ロジャーズが提唱した技法らしい技法といえば唯一reflection のみであったので，非指示的にオウム返しを行えばカウンセリングが成り立つと誤解されたりもした（河﨑・池見，2014）。あるいは，自己一致，無条件の肯定的関心，共感的理解が，カウンセリングの「技法」であると誤解されたりもした。

（3）効果研究スーパーヴィジョン

　ロジャーズがセラピストの態度や心構えだけを強調して，実際的ノウハウについてまったく関心がなかったかというと，実はそうではない。むしろロジャーズは非指示的療法を提唱した初期から，カウンセリングの実際的場面でどんなことが生じているのか，それをどのようにトレーニングしていくかを熱心に探究していた。ロジャーズは当時の最新技術であるテープ録音により，訓練生のカウンセリング場面でのやりとりを記録して，応答の仕方等に関して実践的な指導を行った。また，訓練生のカウンセリングには，必ず指導者がつくべきだと主張して，スーパーヴィジョンの原型を作ったといえる。さらには，記録されたやりとりから，どのような関わり方がクライアントに洞察や心的変化をもたらした

のかに関しても熱心に研究した。これは，自分の来談者中心療法の有効性について，科学的な方法で実証しようとしたためでもある。セラピストとクライアントの一つひとつのミクロなやりとりと，カウンセリングの効果との関連を調べるロジャーズの研究は，まさに心理療法のプロセス研究の嚆矢である。ロジャーズは，統合失調症にも来談者中心療法が適用できるのかどうか，大がかりなプロジェクトとして調査研究を行った。結論としては，来談者中心療法は統合失調症には効果が見られないというものであった。

1959 年には *A Theory of Therapy, Personality and Interpersonal Relationships as Developed in the Client-centered Framework* を著した。ここでロジャーズは，自己の構造の変化として，カウンセリングで生じていることを明確に説明した。クライアントは，まさにそのときそのときに現象学的に生成しつつある「自己の体験」と，それを抽象化・概念化して捉える「自己の概念」とが一致していない状態にあるという。そのように「実際にそうある自己」と「こうありたい，こうあるべき，こうであるはずの自己」とのあいだにズレがあることが，自分を受入れられなかったり不適応感をもったりする原因である。一方セラピストは，「自己の体験」と「自己の概念」とが一致しており，セラピストの無条件の肯定的関心を通してクライアントは「自己の体験」を脅威を感じることなく自己の構造に組み込み，「自己の概念」を再組織化していくのだというのである。第3章でも言及したこの定式化は，ロジャーズ理論のひとつの集大成だといえよう。

ロジャーズはその後，来談者中心療法という呼び方を改めて，「人間中心療法（person-centered therapy）」と呼ぶようになった。この転換にはロジャーズが単にクライアントばかりでなく，あらゆる人々，人類の成長と能力の開発ということに，次第にその活動を移していったこと

と関係している。ロジャーズはエンカウンターグループを熱心に主催し研究するようになった。エンカウンターグループは集団療法の一種で，10 人程度の参加者が自分の「本音」，すなわちグループの中での自己の経験の動きに耳を澄ましながら，それをグループのメンバーに表明し告白していく。グループのメンバーは他者を否定したり批判したりはせず，それぞれのメンバーを尊重し傾聴し，その人の感じ方や考え方のフレームワークを理解し受け止めていく。そうした安全な場での相互作用を通して，自己受容が生じることで，自己成長や他者理解を深化させ，対人関係や人間性の成長を目指そうとするものである。エンカウンターとは「出会い」という意味であるが，それは他者への出会いとともに自己への出会いを意味する。ここへの参加者は，必ずしも解決すべき問題や主訴をもっているわけではない。しかしながら，それぞれが成長や発達の可能性を秘めており，それを開発していこうとするのである。米国では 1960 年代末から 70 年代に，human potential movement という運動があり，人間の潜在能力を開発しようとする機運があった。エンカウンターグループはもちろんのこと，ロジャーズの来談者中心療法はその重要な理論的基盤となっていたのである。

2．ロジャーズ派の日本への導入と変質

（1）戦後教育改革との関連

このあたりで，日本でのロジャーズの導入について説明しておきたい。第二次世界大戦後，日本を民主主義国家とするために米国主導で教育改革が行われた。1948 年から 1952 年まで，各地で IFEL（Institute for Educational Leadership：教育指導者講習）が行われ，そこには米国から教育学や心理学の専門家が講師として派遣された。敗戦後の混乱した日本にやってくるのは，重鎮の老教授というよりも新進気鋭の若手の

教育研究者であった。この講師たちが，当時の米国での最先端の理論を紹介し，まさに自分たちの教育の理想を熱心に日本に伝え根付かせようとしたのである。IFEL では，初等教育から高等教育に至るまで，新たな教育の理念と方法ばかりでなく，具体的な制度設計なども包括的に教授し伝達された（後には，米国からの派遣講師ばかりでなく，日本人も講師を務めるようになった）。この中で，当時の米国で最先端のカウンセリング技法であったロジャーズの非指示的療法が 1948 年に紹介されたのである。ロジャーズの *Counseling and Psychotherapy* が出版されたのは 1942 年であったので，その 6 年後には早くも日本に紹介されたのである。

　個人を尊重し，導かれる側と導く側が対等の関係に立ち，相手の立場を認め，自由な意見や感情の表出を大事にし傾聴していくというロジャーズの技法は，それ以前の教条主義的な教育とは対極の民主的教育の方法として，多くの人々を魅了した。非指示的療法は，まず高等教育において広まっていく。IFEL の参加者が，日本の教育変革をリードしていく役割を担う者として，大学教員がその多くを占めていたことがその一因でもあるが，米国の大学教育で重要な意味をもつ「学生相談」が紹介され，その実現に向けた機運が高まっていたことも影響している。1951 年から 52 年まで行われた Student Personnel Services seminar （厚生補導セミナー）でも，ロジャーズの技法は詳しく紹介された。クライアントの自己成長と主体性を信頼し，その自主性ということを尊重する来談者中心療法の考え方は，それまでの日本の大学生観，すなわち大学生はすでに大人であるという考え方と接続が容易であったからである。*Counseling and Psychotherapy* は，1951 年には，友田不二男により，『臨床心理学』というタイトルで翻訳が出版された。

　当時は，戦後の社会不安定による少年非行も問題となっていた。子ど

もたちの人格を尊重して温かく接することが，とりわけ戦後の混乱や戦災孤児となったことで家庭的な養育機能が十分でなかった子どもたちの更生として有力であったことからも，ロジャーズの方法は司法矯正の分野においても広まっていくことになる。

　その後，日本のカウンセリングの発展において，ロジャーズのもとには多くの日本人の心理学者が訪れ，ロジャーズ自身から教えを受けたりしつつ，ロジャーズが展開させていく最新の思想と技法を，ほぼ米国と同時代的に取り入れていった。

（2）ロジャーズの方法の日本的変容

　こうしてロジャーズの非指示的技法は全国に広まっていった。1965年の調査によれば，ロジャーズの来談者中心療法を主に行っている機関は80％にのぼっていることが示された（伊藤，1968）。しかしながらこうした爆発的な広まりは，ロジャーズの方法が非常に単純化して捉えられるという誤解の上にあったことは否めない。すなわち，多くの場合，非指示的に傾聴しクライアントの言葉をオウム返しすればカウンセリングが成り立つのだという誤解である。

　しかも，日本の文化的・言語的な文脈の中では，reflection はロジャーズが意図していたものとずいぶん異なる意味をもつものとなっていた（Oyama, 2012）。reflection は，クライアントが自分では覚知せずにつぶやいた言葉，表出した感情というものを，セラピストの言葉によって照らし返してもらうことで，自分の現象しつつある「自己の体験」に気づくものであった。英語でのカウンセリングの場合は，たとえば，Cl. "I feel sad", Th. "Hmm, you feel sad" というように「私：I」「あなた：you」という主語が明示される。「私は悲しい……」「あなたは悲しいんですね」というように，私が悲しんでいるということがセラピス

トにより照り返され，「私」はそれを覚知するのである。しかしながら日本語で reflection を行うと，Cl.「悲しいです……」，Th.「悲しいんですね」というように，「悲しい」という感情の中にクライアントとセラピストの両者がどっぷりと浸かり，同じ感情の中で両者が融け合うような状態となりがちなのである。すなわち「共感」というよりも「共鳴」という事態である。

　これに加えて，戦後間もない頃のカウンセリングでは，戦前の教育への反省から，過度に「受容」が強調されていたという背景もある。セラピストという存在を通して自己に気づいていくというのではなく，セラピストと融合的な心理状態になるということは，ロジャーズが意図していたカウンセリングとは大きく異なるものである。しかしながら，日本の文化の中では，実はこれはこれで意味があるものであった。というのも，日本人の「自己」の在り方を考えた場合，こうした融合状態を通過することが，クライアントが「自己」を回復することにつながることは否定できないのである。日本語の「自分」というのは他者との関係性の中での「私の分け前」ということで，関係性を前提としている言葉であることからもわかるように，あるいは，自己に関する多くの比較文化的研究を引くまでもなく，日本人の自己感や自己概念は他者との関係性を基礎としている。私が他者から受け入れられ認められるということが，西洋文化の文脈よりも，はるかに重要な意義をもつのである。

　このことは，土居健郎の「甘え」の理論とも通じるものである。土居は次のように述べている。「多くの患者が告白するには，これまで『自分』をもっていなかったということ，自分の存在の大切さに気づいていなかったということ，そして甘えることへの何よりも大切な欲望以外は何もなかった，ということに気がついたということである。私はこれを，患者が少なくとも自分の以前の『自分がない』状態を自覚したとい

うことから，新しい自己の意識の現れへの一歩と考える」(Doi, 1962.
拙訳)。西欧での心理療法の場合，「私」が確立するのは，人は本来的に
孤独であるという，手痛い認識が出発点になるといわれている。しかし
ながら，土居健郎が自らの臨床事例を提示しつつ多くの論文や書物で論
じているように，日本人の心性における「甘え」ということを考えた場
合，「私」というものが確立する前提として，私が認められ，「甘え」を
求める気持ちが自覚されることが，「私」の核となるのである。

（3）ロジャーズ派の意義と学派の共通要因

　徹底的に受容される体験をするということは，カウンセリングの中で
確かにひとつの局面として重要である。しかしながら，それだけではカ
ウンセリングが展開しないのも事実である。このことは，非指示的療
法，来談者中心療法が出てきた当初からの批判につながるものである。
ロジャーズの理論は，それまでのアセスメント中心であったカウンセリ
ングや教育心理学へのアンチテーゼとして出てきたこともあり，対象者
に関する精神発達理論や精神病理の軽視という側面があることは否定で
きない。人間には確かに健康な側面があり，どんなに病んだ状態であっ
てもその人の健全さを信じ，そこに希望を託すことは大切なことであ
る。しかしながら，クライアントを理解するには，単にその成長してい
く力を信じればよいというだけでは足りないこともある。特に重篤な事
例の場合は，精神病理学の知識に基づく理解や介入，精神発達の理論に
支えられた心理検査やアセスメントが必要であり，それがクライアント
を本当の意味で理解することになる。単に健康的な部分のみを信じて，
暗い部分を見ないように否認するのであれば，それはクライアントを受
容していることにはならない。また，セラピストとクライアントが融合
したような状態を経験するにしても，そこからどのように両者が分離し

ていくのか，それぞれがどのように「個」になっていくのかという，融合ではなく分離や切断という契機，そしてそのための心構え，セラピストの安全とクライアントの安全の両方を護るような技法も必要である。

　日本も1970年代になると，ロジャーズ流の方法には飽き足らず他の学派を海外留学を通して学んだ先人たちが活躍するようになり，このことが日本のカウンセリング・心理療法の発展に飛躍的な進歩をもたらした。河合隼雄によるユング心理学，小此木啓吾による詳細な精神分析，村瀬孝雄によるジェンドリンの思想など，新しい心理療法の方法が紹介されることによって，非指示的な関わり方だけでない新たな技法が紹介され，またクライアント理解の方法も深化することとなった。

　それでもなお現代でも，ロジャーズの方法は，カウンセリング・心理療法のトレーニングを受けるものであれば，必ず誰もがセラピストの態度として身につけるべき基本として大切なものである。ロジャーズが主張したような必要十分条件ではないとしても，必要条件であるのは確かである。

　ロジャーズの提唱した方法と態度は，実際，さまざまなカウンセリングや心理療法の学派に共通する治療促進の要因，いわゆる「共通要因」と呼ばれるものと深く関連している。ロジャーズが開始した心理療法のプロセス研究によって，多くの研究者・臨床心理の実践者たちが，心理療法やカウンセリングを促進させ治療の成功に至らせる要因や条件について研究を重ねてきた。ランバート（Lambert, 1992）は，数多くの学派の異なる心理療法の効果のメタ研究から，心理療法の成功の要因のうち30％は，学派にかかわらず（学派に共通して），治療関係の要因（受容・共感，思いやり，励まし，セラピストとクライアントとの関係性）によるものであると結論づけた。またスイスのクラウス・グラーヴェ（Grawe, 1994）も，やはり心理療法事例のメタ分析により，同様の結論

を導きだしている。

　米国の精神科医フランク（Jerome Frank）は，1961年に出版した *Persuasion and Healing : A Comparative Study of Psychotherapy* において，すでに心理療法の共通要因を提唱していたが，1993年に娘のJulia との共著として出版した第3版にあたる改訂版では，心理療法の共通要因について次のようにまとめている。すなわち，①患者の疎外感を取り除いて治療関係を進める，②援助への期待を高め維持する，③新しい学びの体験を提供する，④情動を喚起する，⑤患者の統制感や自己効力感を高める，⑥試しにやってみる機会を提供する，ということが，学派にかかわらずあらゆる心理療法に共通して見られるというのである。これらの要因を見てみると，いずれもロジャーズの提唱した「人格変化が生じる条件」との共通性があることがわかるであろう。ロジャーズの名前と思想は，カウンセリングの発展の中のひとつの金字塔として，これからも学ばれ続けていくであろう。

引用・参考文献

Doi, T. (1962). *Amae :* a key concept for understanding Japanese personality structure. In R.J. Smith & R.K. Beardsley(Eds.), *Japanese culture : Its development and Characteristics.* Chicago：Aldine. [Reprinted in：*The collected papers of twentieth-century Japanese writers on Japan, vol. 1 ; Understanding Amae : The Japanese concept of needed-love*(pp. 14-21). Kent：Global Oriental Ltd.]

Frank, J.D. & Frank, J.B. (1993). *Persuasion and Healing : A Comparative Study of Psychotherapy*(3rd Ed.). John Hopkins University Press.

Grawe, K., Donati, R., & Bernauer, F. (1994). *Psychotherapie im Wandel-von der Konfession zur Profession.* Hogrefe.

廣瀬 幸市（2007）．ロジャーズ派　桑原 知子（編）　朝倉心理学講座第9巻　臨床心理学（pp. 137-151）　朝倉書店

伊藤 博（1968）．わが国におけるクライエント中心療法の展望　友田 不二男他 （編著）　わが国のクライエント中心療法の研究（ロージャズ全集第 18 巻） （pp. 21-30）　岩崎学術出版

河﨑 俊博・池見 陽（2014）．非指示的心理療法の時代に観られる Carl Rogers の Reflection という応答　関西大学臨床心理専門職大学院紀要，4，21-30.

金原 俊輔（2013）．カール・ロジャーズの生涯　長崎ウエスレヤン大学地域総合研 究所紀要，11(1)，21-52.

Lambert, M. J. (1992). Psychotherapy outcome research：Implications for integrative and eclectical therapists. In J. C. Norcross & M. R. Goldfried (Eds.), *Handbook of psychotherapy integration* (pp. 94-129) Basic Books.

Oyama, Y. (2012). The transformation of Rogerian client-centered technique of psychotherapy in Japan：background and implications. *Asia Pacific Journal of Counselling and Psychotherapy*, 3(1), 10-17.

Rogers, C. R. (1939). *The Clinical Treatment of the Problem Child*. Houghton Mifflin.

Rogers, C. R. (1942). *Counseling and Psychotherapy : Newer concepts in practice*. Houghton Mifflin.

Rogers, C. R. (1951). *Client-Centered Therapy : Its Current Practice, Implications and Theory*. Houghton Mifflin.

Rogers, C. R. (1957). The necessary and sufficient conditions of therapeutic personality change. *Journal of Consulting Psychology,* 21(2), 95-103.

Rogers, C.R. (1959). A Theory of Therapy, Personality, and Interpersonal Relationships：As Developed in the Client-Centered Framework. In Koch, S. (Ed.) P*sychology : A Study of Science*, vol.3. Mcgraw-Hill.

11 | 行動療法によるアプローチの展開

| 波田野茂幸

《**目標＆ポイント**》 この章では，行動療法の基礎理論について概説し，行動療法の発想に基づく関わり方について考えてみたい。また，行動療法と認知療法は，互いの考え方や技法を取り入れていく中で，認知行動療法へと統合してきている。ここでは，新世代（第三世代）と呼ばれる認知行動療法の新たな展開についても紹介してみたい。
《**キーワード**》 行動療法，認知行動療法，マインドフルネス，新世代（第三世代）の認知行動療法

1.「行動」からこころを捉えていく観点

　こころの現象を捉える枠組みとしては，力動的理解や深層心理学的な考え方がある。これは，「クライアントの困り事や症状は，クライアントの心の中の葛藤やコンプレックス，あるいは心の中にある重要な他者との関係性の表象（これは対象関係という）から生じているのだと仮定」（大山，2019）する考え方である。つまり，人の心には普段は隠されていて意識することができない無意識というものが存在していると想定した考え方である。力動的心理療法においては，言語的・非言語的な方法を用いて，無意識について扱うことを試みていき，無意識そのものの変容や，無意識との関わり方についての検討を目指していく。

　無意識という意識できない心の奥にある世界は，目で見て捉えていくことや，数値に置き換え可視化して検討することが難しい世界といえる。力動的・深層心理学的な心理療法では，無意識の世界にアクセスし

ていくために，自分の問題について内省をし，セラピストとの対話や夢・イメージといった非言語的手法を用いて無意識の世界を表現し，内的世界について見直していくという方法がとられている。このような内省を伴う心理療法では，クライアント自身が自らの心理的課題や葛藤を意識することが心理面接を行う上での動機となってくる。

　しかしながら，実際の臨床現場においては，クライアントが自身の心理的問題について自覚がないのにもかかわらず，家族などに連れてこられる場合がある。そのような場合，本人には困っている感覚はなく，周囲にいる家族や，友人，同僚などが困惑していたりする。つまり，本人とその周囲にいる者たちとのあいだには，困り感において「ずれ」があったりする。この両者にある「ずれ」について，セラピストが扱おうとする場合，それらはクライアントの日常生活の過ごし方や対人関係上の具体的行動に焦点が当てられていくことになる。

　つまり，セラピストはクライアントとその周辺者がクライアントに要請している，あるいは期待している行動上の「ずれ」に注意を向けて，その理解を試みることになる。その際に，力動的な理解における心理療法においては，クライアント自身が意識できていない無意識にある葛藤が行動という形で図らずも表現されてきていると仮定し，クライアントに対して面接の提案をするかもしれない。あるいは，クライアントにとっては，周囲との関係や状況の中にある行動に「ずれ」があるという認識は共有できたとしても，クライアント本人が自らの無意識について振り返るだけの気持ちを作るまでには至っておらず，深く内省が伴う面接を行うには時間がかかるかもしれない。

　このように臨床現場において「行動」に注目をして，支援を検討していく必要がある場面は，さまざまな領域において見受けられる。たとえば，思春期青年期にある者は，心理的葛藤が行動によって表現されて，

　周囲を振り回すような場合がある。自傷行為や暴力などの不適切な行動
上の問題が生じているときに，どのような心理学的支援（介入）を行う
ことが適切であるのかを検討する必要が出てくるであろう。その場合，
見立て（アセスメント）を行っていく過程では，いかなる状況の中で，
どういう場面があって，何がきっかけ（刺激）となり，問題となる行動
（反応）が生じてきたのか事実経過に基づきながら検討していくことに
なる。

　また，「複雑な事情」をクライアントが抱えており，さまざまな立場
から支援を行う必要性がある場合に，「行動」に注目していくことは有
用性があると考えられる。たとえば，クライアントに医療的ケアや生活
上に必要な福祉的支援を必要とする場合は，専門家間の連携が求められ
てくるかもしれない。あるいは，がん患者への支援や認知症患者への支
援では，医師や看護師，精神保健福祉士，心理職など，治療や支援にあ
たる複数の専門家が一体となり患者に対してチームによる包括的な支援
を行う場合もある。また，アディクションを抱える者への治療において
は，集団での心理教育プログラムを提供することがある。このような心
理教育場面においても，支援者はメンバーの行動に着目し，その変化を
捉えていったりする。

　このように，クライアントの「行動」に注目し，それがどのように改
善されていくのかについて変化をモニターしていくことは，治療や支援
について評価していく際のひとつの指標となる。治療や支援計画を立て
て介入をし，その効果を確認することや，その先の展開について検討し
ていく際に，「行動上の課題」についてどう調整をするかは，専門職間
での共通認識の課題になると考えられる。

　目に見える行動や感情や態度を数値により可視化することで，本人だ
けではなく，周囲にいる者や支援にあたる関係者に対して，何をどのよ

うに行うことで，それらがどう変化したのか・しないのかについてわかりやすく説明していく可能性が開かれる。力動的・深層心理学的な枠組みでは設定しにくい観点を，行動に焦点を当てて捉えていくことで，実現していくことが可能となるのである。

　以上のように，問題となっている行動のパターンに焦点を当てて，それがどのように生じてくるのかを分析し，行動の変容を目指すことに限局している心理療法の技法として行動療法という考え方がある。行動療法の考え方は，力動的・深層心理学的な理解とは異なり，人は状況の中でさまざまな刺激を受けながら動いているとし，それを刺激−反応の枠組みの中で捉えていくという発想がある。行動療法は，人の精神活動を対象にしていて，それを具体的に捉えていくところから始める。そして，その変容については，主に学習理論の考え方から説明をしている。臨床的には，行動上の問題となる現象について，刺激−反応のパターンで丁寧に取り出して，その刺激−反応の連鎖の一部を変えていくことで，結果となる行動の変容を目指していく。こころの構造や人格論などを中核に据えて，精神療法の体系が作られていない点が，行動療法の特徴ではないかと考えられる。

2．行動療法について

（1）行動療法における「行動」という用語について

　私たちが行動という言葉を日常生活の中で用いるときに，そこには意識をして意図をもって行動することもあれば，いつの間にか気がつかないまま「うっかり」やってしまった行動まで幅がある。また，頭では「こうしよう」と考えていたのに，たまたま居合わせた場面では，それでは不都合と判断して反対の動きを取ってしまうこともあったりする。「ある行動がどのように生起してくるのか」について日常生活の範囲の

中で考えてみると，意識した想定内だけで自分の行動が決まるのではな
く，自分の外側にある要因の影響を受けて規定されてくるところも大き
いのである。ある場面において，皆が一斉に同じ行動をする場合には，
個人の事情よりも，状況の側にそのような行動をとらせる要因があると
理解するほうが自然であろう。

　このように生活の中で行動を捉えていくには，個人の要因とその場の
状況がもつ要因とに分けて理解をしていく視点があるといえる。また，
ある場面に遭遇して，ある行動をとったとすれば，それは，以前にも同
様の経験があり，その経験に基づいた当然の反応としての行動というこ
ともあるかもしれない。PTSD 症状には，ある場面で突如からだが反応
してしまい，結果として意図しない行動をとってしまうこともある。

　以上のように，行動で示されているある現象を目で見て捉え，了解で
きたとしても，「なぜ，そのような行動をしたのか」という理由までは，
容易に同定できる事柄ではなく，ましてや，当人の気持ちまでを理解し
ていくことは，とても難しいと思われる。

　人間の行動について，こころというものを仮定せず，状況と反応との
枠組みの中で捉えた行動をひとつの単位として取り出し，その集積から
人の行動について説明し，行動の予測を行って法則を見出していこうと
する考え方を行動理論という。行動理論の考え方では，人の行動を本人
の行動と本人に向けられている周囲にあるあらゆる環境刺激とに分けて
捉える。したがって，他者の行動も環境刺激となる。

　行動療法やその発展形である認知行動療法は，行動理論に基づいてお
り，人の行動を「刺激−反応のパターン」として捉える。行動療法は，
1950 年代に問題となる行動を修正していくことを目的に体系化されて
いった。それを支えている原理にはいくつかの起源となる考え方があ
り，やがて認知行動療法として展開していった。以下，行動療法の基礎

理論を紹介し，認知行動療法への展開について概説してみたい。

（2）行動療法の理論① レスポンデント（古典的）条件づけ

　レスポンデント条件づけ，古典的条件づけとは，ロシアの生理学者のパヴロフ（Pavlov, I. P.）による犬による実験から説明され，行動療法の基本的理論になっている。これは，ある刺激（無条件刺激）を呈示した際に，特定の生理的反応が生じてくる（無条件反応）状況を設定し，その上で，生理的反応が生じてくることがない中性刺激を無条件刺激と対になるように繰り返し呈示していくと，中性刺激を呈示するだけで生理的反応が引き起こされてくるようになる（条件反応）。条件反応を引き起こす中性刺激は条件刺激と呼ばれている。条件刺激だけで反応が生じて，その他での刺激では反応が起こらないように反応を形成していく手続きを弁別という。また，ある刺激に対して特定の反応が条件づけられたあとに，類似する刺激に対して同様の反応が生起することを般化という。条件づけが成立したあとに，条件刺激のみを反復して呈示していくと条件反応は弱まっていき，やがて消失していく。

　パヴロフが実験により説明した条件反射理論であるが，ワトソン（Watson, J.）は人についてもレスポンデント（古典的）条件づけの考え方から，情動反応の条件づけができる可能性を指摘した。ワトソンの恐怖条件づけの実験から，人間の不適応行動は後天的に学習されたものと説明ができるのである。

（3）行動療法の理論② オペラント（道具的）条件づけ

　刺激−反応の結びつきを捉えていく際のもうひとつのパターンは，オペラント条件づけや，道具的条件づけとも呼ばれている。古典的条件づけでは，先行している刺激による誘発により生じた行動（レスポンデン

ト反応）であったが，もうひとつのパターンとは，先にある行動が自発
的に行われたときに，それに続いて起こる外界や対応した状況の変化が
あり，その変化を再度得ていくために，たまたま自発的に行った行動を
再度繰り返していくようになる行動のことである。あるいは，ある行動
をたまたま行ったら，不快な体験といった危険な目に合うような状態の
変化が起こった場合，その行動はとらなくなっていき，やがてその行動
はなくなっていくということがある。これをオペラント（道具的）条件
づけという。オペラント（道具的）条件づけは，スキナー（Skinner, B.
F.）の実験から説明された。この実験からは，自発的な行動に続いて，
その行動が起こりやすくするためには「報酬（正の強化子）」を随伴さ
せていき，起こりにくくするためには，その行動のあとに「罰（負の強
化子）」を与えていかなければ消えていくということが示された。

　スキナーの実験からは，人の行動の規則性についても説明することが
できる。たとえば，望ましいとされる行動に対して，ほめていくことで
その行動は生起しやすくなるし，逆に叱責をされたり，非難されたりす
れば，その行動は起こりにくくなり，弱められていく。これを不適切行
動の形成について当てはめて考えると，周囲が問題とする行動も，当人
からすればそうすることで不安を回避しているのかもしれない。あるい
は，何らかの得になることや満足が得られているからこそ，不適切行動
が持続されていると考えられる。オペラント行動を「道具的」と呼ぶの
は，獲得される行動自体が目的なのではなく，その行動を行うことで，
別の結果を得るための手段となっているという意味からである。

　オペラント条件づけの考え方を定式化していくと，弁別刺激（行動の
手掛かりとなる先行事象）−自発的行動（オペラント行動）−結果（後続
事象）となる。これは三項随伴性と呼ばれている。随伴性とは，ある物
事に伴ってともに変化していくことであるが，先行しているある状況が

弁別刺激により誘発されて，望ましい結果を得ようと自発的行動となるオペラント行動が起こり，その結果によって，オペラント行動の生起が増加（強化）したり，減少（弱化）したりする。この三項随伴性は，学習理論を説明していく中心概念となっている。

（4）行動療法の理論③　観察学習（モデリング）

　古典的条件づけは，条件刺激が繰り返し呈示されることで反応の強化が起こり，オペラント条件づけでは，強化子を操作していくことで，反応を強化していく方法である。しかし，バンデューラ（Bandura, A.）は，必ずしも直接的な強化が得られない場合であっても，他者の行動を観察していくことで学習が成立し，行動が変容していくことを説明した。彼はモデルの攻撃行動を観察したグループは，観察しなかったグループよりも攻撃的な行動が表出されるという実験結果を示して，社会的学習理論を提唱した。攻撃的行動が模倣による学習により生じてくると考えた場合，たとえば，テレビやインターネットで暴力的行為の映像を見ることや，周囲にいる身近な人の暴力的行為の影響を受け，攻撃行動が模倣される可能性があると説明できるであろう。この「模倣する」という学習過程を通して新しい行動のとり方を習得することや，実行・抑制の操作について学ぶことができる。臨床的にはセルフモニタリングなど，自分で自分の行動や生理的な変化，心理的な変化についてモニタリングを行って，行動を変容させていくことなどの方法が考えられる。このように，適切な行動のとり方を形成していく際の原理になるため，心理教育や健康教育を実施していく際にも用いることができる。

（5）行動療法という技法

　このように，行動療法は学習や行動についての基礎研究や実験結果か

ら導き出された原理や法則を用いて，それを臨床上の問題への改善を図るために活用し技法化していった。この点が特徴であり，他の心理療法と性質が異なる部分といえるであろう。

　不適応な行動は，何らかの理由があって不適応となる学習を行った結果であるとして捉えていく。したがって，そのように習得していった原理と同じ原理を組み合わせていくことによって，不適切な行動は解体されていくという考え方である。山上（2010）は，行動療法を「学習を主な手段にした精神療法」と定義し，「行動療法はそのような"方法の体系"」であるとしている。行動療法を「方法の体系」と捉えた場合，それはさまざまな領域で活用することができる。行動療法は，症状や問題とされる行動の形成という臨床上の要請に合わせて治療技法が作られており，その利点から多様な理論や技法が開発されていったと考えられる。

　行動療法によるクライアントへのアプローチを考えていく場合，その基礎理論となっている学習理論について習得する必要がある。先述のように，学習理論は実験による科学的研究から導かれた原理であり，客観性，普遍性がある。しかし，臨床において個々のクライアントが抱えている心理的課題とは，個別の事情やさまざまな背景を有した具体的問題のことである。したがって，ただ原理を当てはめていくだけではクライアントの問題への改善を図っていくことはできない。臨床においては学習原理に基づきながらも，個々のクライアントに合うように工夫をし，クライアントに応じた個別の技法を作り上げていくことが肝心である。行動療法は「方法の体系」と捉えた場合，同じ技法を行っていても，誰がどのように行っていくのかという点において，実際の効果は異なってくるのであり，その意味でクライアントとどのような関係性を作っていくかということは，やはり重要になると考える。

　さて，行動療法の具体的な技法としては，古典的条件づけがベースと

なっている行動的技法として，系統的脱感作法，フラッディング，エクスポージャー法，暴露反応妨害法，条件性制止療法，嫌悪療法などがある。オペラント条件づけをベースとしている行動的技法としては，シェイピング法，トークンエコノミー法，タイムアウト法，応用行動分析などがある。社会的学習理論がベースとなっている行動的技法としては，ソーシャルスキルトレーニング，モデリング，ロールモデル，代理強化などがある。

3. 認知行動療法について

(1) 人間の「認知」を取り入れていった行動療法

　刺激－反応の連鎖を捉えていく行動療法は，その後，さまざまな技法が開発され，研究がなされて多様な技法が考案されていった。その中でも1980年代以降，注目されていったのが認知行動療法である。認知行動療法は，アーロン・ベック（Beck, A. T.）によって体系化された。精神分析を学び精神科医であったベックは，うつ病患者を治療していく中で，うつ病患者がもつネガティヴな思考に介入していくことで，患者自身が自らの思考過程に気づき，それを意識することでうつ症状の緩和に役立つことに気がついた。このように，認知行動療法は，うつ症状や不安，強迫性障害への心理療法から始まったが，現在は摂食障害，アルコールや薬物等の依存症など適応対象が広がっている。また，2005年より開始した法務省による「性犯罪者処遇更生プログラム」では認知行動療法の技法を用いてプログラムが作られるなど，幅広い実践領域において採用されている。

　坂野（1999）は，「クライエントは，行動や情動の問題だけではなく，考え方や価値観，イメージなど，さまざまな認知的な問題を抱えている。行動や情動の問題に加え，認知的な問題をも治療の標的とし，治療

アプローチとしてこれまで実証的にその効果が確認されている行動的技法と認知的技法を効果的に組み合わせて用いることによって問題の改善を図ろうとする治療アプローチを総称して，認知行動療法という」と定義している。つまり，認知行動療法は，行動的技法と認知的技法という異なる理論を合わせていく中で，治療的効果をあげていくことを目指している治療体系として捉えていくことができる。行動的技法については，先述した古典的条件づけやオペラント条件づけ，観察学習等の行動療法の基礎理論に支えられている。以下，認知行動療法のもうひとつの柱となった認知面からのアプローチについて紹介し，認知行動療法の基本的な考え方について整理してみたい。

　行動療法が発展していく中で，「①同一の刺激を与えてもクライエントの反応はさまざまである，②逆にさまざまな刺激をクライエントに与えても反応は同じであることがある，③刺激も反応も観察不可能な場合がある」（嶋田，2013）といった従来の学習理論からでは説明がつきにくい現象について，臨床的場面から指摘されるようになった。このような学習理論の限界を踏まえ，状況に対する見方や解釈の仕方が人の行動に影響を与えていくという認知的活動の事実があり，それを積極的に取り扱っていく治療体系を展開するようになった。このように刺激－反応のあいだに，認知の概念を媒介することによって，学習理論の不備となる点を補うような形で認知行動理論が展開するようになった。認知概念を積極的に取り入れていく発想は，学習理論の中でもバンデューラの社会学習理論などに見受けられる。バンデューラは，刺激－行動の図式だけではなく，その刺激を個人がどう解釈し予期していくかという過程を重要視した。彼は学習が成立していく過程での期待や予期，自己効力感の影響について指摘している。つまり，行動を喚起させる刺激となる先行要因，行動が喚起されたことによる結果要因，喚起された行動や行動

の結果をどう認知するかという認知要因という3つの要因によって，行動が生起し維持されていくと想定した。認知概念に注目した結果，行動療法の適応範囲は広がっていったといえる。

　もう一方で，精神分析の考え方から出発したものの，それを批判していく理論の中で認知に注目していく治療技法が提唱されていった。先述したベックやエリス（Ellis, A.）などである。エリスは，クライアントの不適切な行動や情動は非合理な信念に由来すると考え，この信念の変容を試みていくことを目的に論理情動療法を提唱した。しかし，クライアントの認知を変容させていくためには行動的技法を用いることが必要であった。エリスは，論理情動療法を論理情動行動療法（理性感情行動療法とも邦訳される）に名称を改めている。そして，ABC 理論／ABCD 理論にまとめていった。

　以上のように，行動療法は認知的アプローチを，認知療法は行動的アプローチを取り入れていくという展開の中で，認知行動療法という治療技法は生まれてきたのである。

　認知行動療法における「認知」とは，心理学一般に使われているような知覚や記憶，思考といった心的活動のことではなく，もう少し限局された意味合いがある。坂野（1999）によれば，認知行動療法において「認知」の定義が一定していないとした上で2つの見方を説明している。ひとつは，認知的変数について，「一時的な内的反応パターン」とする場合である。これは，たとえば「自動思考」などである。自動思考とは，ある場面に遭遇した際に，瞬時に自動的に思い浮かぶ不随意な思考やイメージといった「認知のくせ」のような反応パターンである。もうひとつは，認知を反応スタイルとみなしていく理解の仕方であり，認知的な「構え」について注目していく理解である。一時的な反応パターンの背後は，スキーマと呼ばれる思考の根底にあるような信念や価値観を

想定している。スキーマは持続的な認知の構えであり，性格特性にも近い概念といえる。ゆえに，スキーマは本人からすれば意識しにくいものであり，気づきにくく変容が難しい。以上のように，認知行動療法における「認知」に含まれる内容やレベルには幅があるといえる。

　クライアントの認知を形成する要因は，クライアントの思考や信念，態度といったものであるが，それらについてクライアント自身が理解を深めていくことは重要になる。さらに，行動や身体反応のようにクライアントを外から捉えていく視点だけではなく，クライアント自身の内部で生起しているさまざまな気づきも，セラピストがクライアントに介入する際の重要な手掛かりとなる。たとえば，気分や感情，身体感覚など，クライアントがどのように感じているかという表明があることで，クライアントがどう認知しているのかという思考過程を検討していくことができる。したがって，認知行動療法では，セラピストとクライアントが協同して対象となる問題について検討し特定していくことや，治療方針や目標を立て，どのように治療過程を作っていくか等について率直に話し合って協議し，合意に基づいて進めていく。介入を行う前にセラピストは認知行動療法の考え方に基づいて，クライアントの症状や不適応行動の成り立ちについて，どのような仕組みの中で起こり維持されていると理解できるか示し，何を治療対象とするのかについて話し合い明確化する。その上で，どのような技法を用いて介入することで改善が図られると目論まれるか，クライアントに心理教育をしながら説明を行う。アセスメントはクライアントの認知的側面だけではなく，不適応行動や症状が出現している際の感情や身体反応なども分析・評価に含めていく。

　このように，セラピストはクライアントとの合意に基づきながら治療目標を定め，セラピストが積極的に構造化を図っていくことが，認知行

動療法の特徴といえる。介入にあたっては問題解決が生じやすいと見立てられるところから開始し，ひとつの問題が解決していく過程の中から，次にどこが解決しやすいかを検討して問題解決の連鎖が起こるように関わっていく。認知行動療法では，クライアント自身が自分で問題解決に向けて対処していき，セルフコントロールができるようになることも重要な治療目標のひとつとしている。その意味で，セラピストはクライアントが新たな問題に直面した際に，その解決に向けた技能として活用できるようになれることも意識して進めていく必要がある。このように自己援助法としての側面もあることから，認知行動療法は心理教育や訓練プログラムにおいても活用していけるのである。

（2）新世代の認知行動療法－マインドフルネス

　認知行動療法は，行動療法と認知療法の２つの異なる立場が起源にあった。立場が異なることによって，それぞれ「得意な」臨床上で問題となる行動や症状といったものがあった。しかし，それぞれ理論的検討がなされていく中で，お互いに「認知の機能」に注目していくようになり，認知行動療法として統合されようとしている。認知行動療法の展開の中で，行動療法が主軸であった時代を第一世代，そこに認知療法の考え方が取り入れられていった段階を第二世代とすると，行動的技法と認知的技法に加えて，文脈に働きかけ，体験的な変容に期待をしていく第三世代の技法が登場してきている。それは，どのように認知しているかという内容や，抑うつ的な気分がたびたびあるといった頻度によってネガティヴな考え（自動思考）が浮かび，そのことを考え続けていく（反駁思考）のではなく，些細な気分の変化によって自動思考が生じていき反駁思考が続くと仮定し，認知や気分の影響力（機能）を扱い，そこへの介入を図っていこうとする考え方の技法である。

　その代表として，マインドフルネスを用いた認知行動療法がある。仏教における瞑想法の実践を用いているが，日本マインドフルネス学会の設立趣旨によれば，「"今，この瞬間の体験に意図的に意識を向け，評価をせずに，とらわれのない状態で，ただ観ること" と定義する。"観る" は，見る，聞く，嗅ぐ，味わう，触れる，さらにそれらによって生じる心の働きをも観る，という意味である」としている。

　マインドフルネスの考え方を広めたひとりであるジョン・カバットジン（Kabat-Zinn, J.）によれば，「注意を払う特定の方法であり，意図的で，現在に焦点を定め，価値判断は下さない」とし，中立的に平等に注意を払い続けていくことを行っていくとする。したがって，マインドフルネス認知行動療法では，認知を変容させていくことを目的にはしていない。熊野ら（2015）は，「マインドフルネス瞑想の基本的戦略は，『自分の体験に気づいて，反応を止めることによって，いつものパターンから抜けること』である」とし，自分の身体外で起こっている現実だけではなく，自分の内側で生起する思考や感情，記憶，諸々の身体感覚から距離をとっていけるように脱中心化を促進していくことを指摘している。そして，いまの現実との関係を変えずに受け入れていくこと（アクセプタンス）により，自動化されている状況−反応との結びつきや関係を変えていき，自らの内外の状態を眺めなおしていく余力が生まれてくることを期待している。その結果，不安やつらさといった感情や思考，行動の変化を促していくのである。したがって，具体的な方法としては，身体感覚に注意を向けていく練習をしていくのである。マインドフルネスな状態に至るまでには，継続的な練習や訓練が大切になる。このマインドフルネスの考え方を用いた認知行動療法として，ACT（Acceptance and Commitment Therapy）やマーシャ・リネハン（Linehan, M. M.）により考案された弁証法的行動療法（Dialectical Behavior

Therapy）などがある。

　なお，マインドフルネスについては，「臨床心理学特論」の「心理療法9：その他のアプローチ」（倉光修），「認知行動療法」の「認知変容技法の発展（2）—マインドフルネスとスキーマ」（下山晴彦）にて詳細に紹介されている。ぜひ参照していただきたい。

引用・参考文献

法務省（2006）．性犯罪者処遇プログラム研究会報告書.
　　http://www.moj.go.jp/content/000002036.pdf　（2020年2月20日）
Kabat-Zinn. J.（1999）．*Full Catastrophe Living.*（春木 豊（訳）（2007）．マインドフルネス・ストレス低減法　北大路書房）
越川 房子（2014a）．心理臨床の基礎理論3──学習理論・認知理論──　小野 けいこ（編著）改訂版 心理臨床の基礎（pp. 63-75）放送大学教育振興会（放送大学印刷教材）
越川 房子（2014b）．心理療法4──認知行動療法──　小野 けいこ（編著）改訂版 心理臨床の基礎（pp. 161-177）放送大学教育振興会（放送大学印刷教材）
熊野 宏昭（2012）．新世代の認知行動療法　日本評論社
熊野 宏昭・杉山 風輝子・灰谷 知純（2015）．マインドフルネスの戦略と効果　臨床精神医学，44(8)，1037-1042.
倉光 修（2017）．心理療法9：その他のアプローチⅡ　小川 俊樹・倉光 修（編著）臨床心理学特論（pp. 495-516）放送大学教育振興会（放送大学印刷教材）
日本マインドフルネス学会ホームページ.
　　https://mindfulness.jp.net/　（2020年2月20日）
大山 泰宏（2019）．心から状況へ──認知行動的アプローチ──　大山 泰宏・小林 真理子（編著）臨床心理面接特論Ⅰ──心理支援に関する理論と実践──（pp. 201-220）放送大学教育振興会（放送大学印刷教材）

坂野 雄二（1999）．認知行動療法　中島 義明他（編）　心理学辞典（pp. 663-664）
　　有斐閣

嶋田 洋徳（2013）．認知行動理論　坂野 雄二（編）　臨床心理学キーワード［補訂
　　版］（pp. 8-9）　有斐閣

下山 晴彦（2020）．認知変容技法の発展（2）――マインドフルネスとスキーマ――
　　下山 晴彦・神村 栄一（編著）　改訂版 認知行動療法（pp. 186-201）　放送大
　　学教育振興会（放送大学印刷教材）

山上 敏子（2010）．新訂増補 方法としての行動療法　金剛出版.

山上 敏子・下山 晴彦（2010）．山上敏子の行動療法講義 with 東大・下山研究室
　　金剛出版

12 | 訪問と地域支援

波田野茂幸

《**目標＆ポイント**》　心理職が行う心理学的支援といえば，面接室で対面による一対一の個人面接をイメージする場合が多いであろう。しかし，最近では，心理職は面接室での活動だけではなく，地域（コミュニティ）からの要請を受けて面接室を出て地域を訪問し，地域の中で個人や集団のニーズに応じた心理学的支援を行う活動が求められている。このような活動は，「臨床心理学的地域援助（コミュニティ心理学）」と呼ばれ，「臨床心理アセスメント」や「臨床心理面接」と並ぶ「第三の柱」となる心理援助活動となっている。

　ここでは，地域の中での心理学的支援の在り方について，コミュニティ心理学に基づくコミュニティ援助の理念や方法を紹介するとともに，地域活動を行う上で意識すべき心理職の姿勢や態度等について概説していきたい。

《**キーワード**》　訪問支援，アウトリーチ，地域（コミュニティ）への支援，関係者への支援

1. 地域（コミュニティ）を訪問して支援を行うことが求められる背景

　個人心理療法は，クライアントであるユーザー自身が主体的に心理学的支援を求めて利用していくことを想定している。クライアントが自ら主体的に心理療法や心理学的援助を求めて必要に応じて，あるいは，継続的に支援を受けていきたいという意志をもっている。彼らは，自ら支援を受けていける場を具体的に調べ，経済的な準備もする。経済的に厳しい状況を抱えている中でも個人心理療法に繋がっていく場合には，相当な動機の高さがある。その意味で，心理的な問題や課題となるテーマ

についての自覚があり，自らの意思で専門家の力を活用していく構えが
できているといえる。

　しかしながら，そのような条件を必ずしも備えてはいないが，社会的
支援を必要としている人たち，あるいは，当人やその家族には心理学的
支援の必要性について自覚はないが，心理的課題があるとして周囲が問
題視し，援助の必要性を指摘する場合もある。

　たとえば，児童虐待やDV（ドメスティック・バイオレンス）といっ
た二者関係の中で生じてくる身体的・心理的な暴力の問題などである。
そのような問題は，社会的孤立をしている場合や，第三者の関与が難し
い状況があることによって，不適切行為が起こりうる環境が形成されて
しまうとも考えられる。また，第三者として周囲が客観的に捉えてみる
と，親の子どもへの関わりには不適切行為が認められるのではないか，
あるいは，親子ともに心理的問題があると感じられ，心理的ケアが必要
ではないかと考えられたとしても，当事者である親や子どもにはその認
識がなく，結果として，自らの意思では相談の場に登場してこないとい
うことも珍しくない。

　そのほかにも職場において心理的問題が生じていることが考えられ
る。たとえば，同僚がみな手一杯でゆとりがなく，上司には相談しにく
い雰囲気がある。相談をしたら業務上の評価が下がるように思われて，
仕事でわからずにいることをひとりで抱えているうちに，心理的負担が
大きくなり心身の不調が生じたとしよう。もし，そのような時に，職場
内に相談できる場があったら，困っていることを表明しやすくなってい
たかもしれない。

　アルコールや薬物などへの依存症状をもつ者の中には，自らの状態に
ついて問題意識をもち，そのような行為に至る背景にある心理的課題を
自覚していたとしても，相談をしていく気持ちがない場合や，「困って

いる」という意識をもたないようにやり過ごしている場合がある。あるいは、ほかにもどこに相談に行ったらよいのかわからない、相談するということ自体に慣れていない場合などでは、相談するということ自体が気が重く感じられているのかもしれない。

　以上のように、自分で心理的ケア、心理学的支援の必要性を感じていたとしても、身近なところで相談を持ち掛けていけるような環境が整っておらず、相談を受けていける仕組みが整備されていない場合や適切な支援者との出会いがもてずにいる場合などは、相談につながっていくことは難しくなると考えられる。

　社会との関わりの中で生じてくる心理社会的問題に対しては、「人の環境への適応を援助するだけでなく、その個人をとりまく環境を人に適合するように改善していく働きかけが重要」（箕口、2011a）になってくる。そこでの支援とは、コミュニティの中にいるさまざまな専門家や非専門家が連携、協働して、心理的問題を抱えた当事者だけではなく、本人を取り巻いている人たちや社会的資源へも働きかけ、予防的で成長促進的活動も含めて行っていく活動となるのである。このように、心理職が地域（コミュニティ）の中に出向いて援助を行っていく心理的支援の在り方は、個人の内面に働きかけていく伝統的心理臨床活動とは異なる発想や理念がある。

2. 地域（コミュニティ）支援における「地域」のもつ意味

　地域という言葉は一定の空間的まとまりとしての範囲を想起させる。地域精神保健といった行政用語では管轄区のような捉えとなり、地域を限局しているイメージがあるが、心理学的支援を行う場合においては、地域の意味合いを含む「コミュニティ」という概念で捉えていくことのほうが支援を行う上では実際的である。わが国のコミュニティ心理学の

パイオニアである山本（2004）は，「コミュニティの意味は，地域といった管轄区のように場所を示すような意味ではなく，もっと深い意味がある」と指摘し，「コミュニティを『地域』という言葉として地域精神保健としたがゆえに，地域精神保健が中央集権的行政施策の末端を担わされる保健所精神保健の意味にしか受け取られなかったり，ただ病院や収容施設の外で精神保健活動をするという意味でしかなくなってしまったのではないだろうか」と述べている。

　「コミュニティ」についてもさまざまな定義がある。語源的には，community は，ラテン語の com と munus という言葉が合わさった言葉とされている。前者は英語の「with」に相当し，「一緒に」，「共同して」を意味しており，後者は，英語の「service」，「duty」にあたり，「貢献」，「任務・義務」を意味している。したがって，コミュニティ（community）とは，「共同の貢献」，「一緒に任務を遂行すること」ということを意味している（鈴木，1986；植村，2006，2007；高畠，2011）。

　社会学では，コミュニティに備わる基本的な共通事項について検討がなされている。たとえば，マッキーバー（MacIver, R. M.）は，コミュニティの基礎を「地域性（locality）と共同感情（community sentiment）」とした。さらに，ヒラリー（Hillery, G. A. Jr.）は，コミュニティに関する94の文献を整理しすべてに共通する定義がないこと，共通概念としては，「地域（area），共通の絆（common ties），社会的相互作用（social interaction）」を示した（Hillery, 1955）。

　一方，クライン（Klein, D.）は，米国での地域精神衛生活動を通して，コミュニティの本質的機能を7つ挙げた。その上で，「コミュニティは，安定と身体的安全を手に入れ，ストレス状態にある時は支持を引き出し，さらにはライフサイクル全体を通じて個性と重要感を獲得す

るなどを目指す，一領域の人々の間での様式化された相互作用である」
と定義した（Klein, 1968）。このように，社会学におけるコミュニティ
に対する古典的な定義としては，場所を規定する「地理的コミュニ
ティ」とクラインのように機能を規定する「関係的コミュニティ」があ
る（高畠，2011）。

　しかし，近年，地域において心理学的支援を行う場合，物理的・地理
的にコミュニティを捉えていくことや，関係的にコミュニティを捉えて
いくことがしにくい状況が生まれている。交通手段の発展やインター
ネットのような新たな通信手段が生まれ，驚異的に発達し，生活の中に
浸透していくようになった時代においては，物理的・地理的に規定され
た範囲を超えて人々の繋がりは拡がり変化し，その境界線は曖昧となっ
てくる。それは，同時に人々が関わり合う範囲も，関わる局面や関わり
方の質も変化させている。

　現在の私たちは，地理的に規定された地域に在住している者同士の関
わり合いだけではなく，生活をしていく上で必要となる特定のニーズを
もつ者同士や，同じ関心事をもつ者同士が地理的な地域性に限局されな
い形で出会いをもち，機能的な集団や人々とのネットワークを形成して
いる。伝統的コミュニティの観点からは考えられなかった，地域性に限
定されない機能的コミュニティの最たる形は，サイバースペース（電脳
空間）の中にあるバーチャル・コミュニティであろう。サイバースペー
スでの交流は，個人の属性を表明せずとも参加できる場合もあり，その
中で情報を得たり意見を交わしたりし，交流することができる。

　このような目には見えない相手と構成しているコミュニティやネット
ワークも含めて，地域（コミュニティ）について考える必要がある。
バーチャル・コミュニティ内においても，人間関係のトラブルや犯罪等
も起きている。心理職は今後このような問題についても，どのような援

助が可能となるのかについて考えていく必要が出てくるであろう。

　以上のように，地域における心理学的支援の発想には，個人の心理的課題に焦点を当てた伝統的個人心理療法の発想ではなく，個人を取り巻いている環境との関係性について注目をし，「人と環境との適合（fit）」がより増していくことを目標にしていく。そこには，個人にアプローチするだけではなく環境の側も意識し，場合によっては必要な働きかけを行い，個人を環境の側からも支えていけるように取り組む視点が含まれている。心理臨床活動が，社会的文脈においてさまざまな次元の中で成り立っていることを考えると，心理職は，コミュニティの中で支援を行っていく技能についても身につけていく必要がある。個人への援助を行う際に「環境との適合性」という視点をもつことは「介入の幅を格段に広げること」（青木，2011）であり，個人と環境の中で起こっている問題を分けて整理をしていく視点がもてるようになる。

3．地域（コミュニティ）支援とは

　心理職が地域の中に入り，臨床心理学的の援助を行っていく活動について，山本（2001）は，「地域社会で生活を営んでいる人の，心の問題の発生予防，心の支援，社会能力の向上，その人々が生活している心理的・社会的環境の調整，心に関する情報の提供等を行う臨床心理学的行為をさす」と定義している。

　この定義によれば，地域における心理学的支援の対象者は，コミュニティに存在している生活者自身である。そして，支援の対象は個人だけではなく，家庭や学校，職場，地域，行政といった社会システム全体をも含んでいると考えることができる。地域支援においては，本人の周辺にいる人々も援助資源として機能できるように働きかけていく。そこにはメンタルヘルスについての予防や教育をも含めて行っていく臨床心理

活動の発想がある。

　このような「臨床心理地域援助」の基礎となる考え方や方法論について，臨床心理学的に研究していく分野が「コミュニティ心理学」といえる。

　コミュニティ心理学は，1960年代の米国における地域精神保健活動という実践学から始まっている。その発想の源は，「精神医療の第三の革命」といわれる地域精神保健（community mental health）の考え方に基づいている。1963年米国で成立した地域精神保健法において，予防・危機介入・地域ネットワークなどを地域の中で機能できるようにするために精神保健センターを設置し，地域の精神保健環境の整備を行った。その結果，これまで病院や相談室にいた心理臨床家が地域に出向くアウトリーチ活動を行っていく中で，貧困や人種差別といった地域社会が抱えている問題に直面することになった。そして，1965年米国マサチューセッツ州にて開催された「地域精神保健に携わる心理学者の教育に関する会議」（通称「ボストン会議」）にて，地域精神保健活動を実践していくための理念と技法について検討がなされ，コミュニティ心理学は誕生したとされている。わが国におけるコミュニティ心理学は，1975年の「コミュニティ心理学シンポジウム」が始まりとされている（山本，2004）。

　コミュニティ心理学は，コミュニティのニーズに応じながら実践活動を通して形成されてきている。そして，家族や職場といった集団や組織，それを支えている社会システム，あるいは，そこに内在している文化的環境からの影響を人間は受けているという「社会的存在としての人間」に重きを置く考え方に基づいて支援を行っている。したがって，コミュニティの中で生じている心理社会的問題に対して，どのように介入をしていくかについて焦点化をする。そして，その方法は心理学的支援を必要としている人たちへの多様なニーズに応じていくために，コミュ

ニティにいるさまざまな領域の専門家と当事者の周辺にいる身近な人た
ちである非専門家とが協働して援助を行っていくアプローチとなるので
ある。

　ところで，このようにコミュニティへの介入を行うためには，コミュ
ニティの中で生起している現象について直接観察を行い，それを記述
し，人と環境との相互作用の観点から現象の構造について検討すること
が重要となる。人とその環境との間の相互性を把握していくことは大変
複雑であり，相当困難なことである。しかし，コミュニティ心理学の考
え方としては，個人の行動は生態学的文脈から切り離して理解すること
はできないという基本的仮定がある。そのために，良好な「人と環境の
適合」について記述し，分析・評価するために必要な研究がなされてい
る。代表的な生態学的研究としては，観察を記述する基本単位としての
「行動場面」について研究したバーカー（Barker, R. G.）の生態学的心
理学，コミュニティの中で個人の機能に影響をおよぼす力の理解につい
て研究したケリー（Kelly, J. G.）の生態学原理に関する研究，また，社
会的文脈を最小のミクロシステムから最大のマクロシステムへと変化す
る 4 つのシステムで構成されるとの考えに基づき児童発達理論について
研究したブロンフェンブレンナー（Bronfenbrenner, U.）の児童発達の
生態学理論などがある。このような研究から導き出された生態学的アプ
ローチを支援において用いていくことが有効とされている。

4．地域支援を行う際の基本姿勢

　地域に出向いて支援を行う場合，面接室の中で心理療法を行い，個人
の内面に働きかけていく伝統的な心理臨床の発想とは視点が異なってく
る。山本（1986）は「コミュニティにおける心理臨床家の基本姿勢」を
表 12-1 のようにまとめている。そこでは，伝統的心理臨床家とコミュ

表 12-1　コミュニティにおける心理臨床家の基本姿勢

		伝統的心理臨床家	対	地域臨床家
視点と姿勢	1.	個人を対象	——	集団，マス，地域社会を対象
	2.	治療	——	予防，教育
	3.	専門家中心の責任性	——	地域社会中心の責任性
	4.	病気	——	来談者の生活，生きざまの構造
	5.	疾病性（illness）	——	事例性（caseness）
	6.	病気の治療	——	心の成長促進
	7.	セラピー	——	ケアを基礎
	8.	パターン化したサービス	——	創造的なサービス
	9.	単一のサービス	——	多面的，総合的サービス
	10.	一人でかかえこむ	——	ケア・ネットワークづくり
	11.	サービスの非連続性	——	サービスの連続性
	12.	専門家のみ	——	非専門家，ボランティアの尊重と活用
役割	13.	個人への介入者	——	システムの介入者
	14.	個人の評価者	——	システムの評価者
	15.	セラピストまたはカウンセラー	——	コンサルタント，オルガナイザー　教育者，ファシリテーター
援助構造	16.	個人の現在から過去へ（現在→過去）	——	個人の現在から未来へ（現在→未来）
	17.	時間構造	——	空間構造
	18.	弱い側面の変革	——	強い側面の活用と強化，資源の利用
	19.	個人の内面への働きかけ	——	環境への働きかけ
	20.	深入り	——	深追いしない，見守り
	21.	"よろい"をはぐ	——	"よろい"を大切にする
	22.	距離の固定	——	距離の柔軟性

出典：山本（1986）p. 52 を一部改変

ニティにおいて活動する地域臨床家との基本姿勢や特性の違いが比較されている。クライアント本人を取り巻いている人たち，集団や組織，社会システム全体に対して働きかけていく姿勢には違いがある。伝統的心理臨床家が治療を重視しているのに対して，地域臨床家は成長促進と予防を重視している。しかし，当然のことながら，これは心理アセスメントや心理面接といった個人心理臨床を否定するものではない。コミュニ

ティで心理臨床活動を行う場合は，個人の内面に働きかけていく心理臨床から，視点や発想を変えていく姿勢が求められてくることを強調しているのである。コミュニティの中にある多様なニーズに応じていくには，クライアントの抱える状況や問題の性質を吟味して，柔軟な発想で必要な支援を提供していくことが大切になるからである。

また，山本（1986）は，「地域臨床家にとってのコミュニティの価値的・態度的意味」について，次の 4 点を挙げている。

①人間を全体としてとらえる

②共に生きよう，共に生きているのだ

③それぞれの人が，その人なりにいかに生きていけるか，決して切り捨てのない社会をどのように追求するのか

④自分たちの責任で生きよう，われわれ一人一人の主体的参加が大切である

コミュニティには多様な背景や状況を抱えながら，それぞれの実生活が営まれている。その人なりの人生への価値観，生活信条，生活スタイルがある。上記の山本の指摘は，専門家がコミュニティを訪れ，コミュニティを構成している人々と向かい合い，求められている支援を行う際に，どのような意識や態度をもつべきかについて教示しているといえる。

5．地域支援における基本的理念と目標

地域支援活動を行っていく上で必要となる理念と目標について，山本（1986）と箕口（2011b）を参考にしながら紹介する。その上で，心理職の役割についても考えてみたい。

①　コミュニティ感覚をもつこと

コミュニティ感覚とは，援助をする人も被援助者も共にコミュニティに住み，地域の一員として生活をしているという感覚を大事にすること

を意味している。自らの生活の場として捉える感覚を育むことができれば，地域の中で生活をしている人を援助していくことや，地域環境を整備していく必要性を感じる意識がもてるようになるであろう。

② **社会的文脈の中で人の存在を捉えていくこと**

　伝統的な個人を中心にした臨床心理学では，個人の内面に目を向けたクライアント理解に基づいて支援をしていくが，その個人は，家族や組織，社会システムの一員でもあったりする。そのような社会的文脈の中で援助を必要とする対象者を心理的に理解していくことも必要である。たとえば，子どものいじめの問題，不登校といった現象は，担任や友人，クラスや学校といった環境側からの検討をすることも重要である。

③ **治療よりも予防を重視すること**

　伝統的な臨床心理学では，「病を治す」といった医療モデルや治療モデルによる実践があったが，コミュニティ心理学においては，問題が起こらないようにしていくために予防を重視し，そのための対策に取り組んでいく精神保健モデルの発想を立てている。

④ **病理性よりも健康さに注目していくこと**

　治療モデルでいけば，病んでいる部分を除去して修復をしていく発想となるが，精神保健モデルや成長発達モデルに基づくコミュニティ心理学の発想では，支援を必要としている対象者の健康な部分や，潜在的な可能性に働きかけ，強みを強化していきコンピテンス（有能さ）の向上を目指していく。その意味で，治療が及ぶことが難しい病や障害を抱えている人たちに対しても，援助を提供していける視点が含まれている。

⑤ **専門家と非専門家が協働しながら支援をしていくこと**

　心理職が地域（コミュニティ）に出向いて援助活動を行う場合，精神科医やソーシャルワーカーといった他の専門職との連携や協力だけを行うのではない。支援を必要としている対象者を取り巻いている地域住民

やボランティアなどの非専門家との協働についても積極的に行っていく。対象者にとって，非専門家は身近で距離の近いところに存在している。専門家として，非専門家に支援で必要となる問題理解や方法について伝えながら，表には出ない「黒子」の役割に徹して援助をしていくのである。必要な時に手を差し伸べていける存在としてあることで，安全や安心感を提供していくのである。

　上記から，地域での問題解決に向けた取り組みは，対象者やその関係者といったユーザーを主体としていくことがわかる。どのようなニーズを抱えているのかについては，当事者自身が一番よくわかっている。地域支援を行う場合，支援を行う者は当事者であるユーザー自身の意向を受け止めつつ，「当事者（利用者）と環境との相互作用の質的な満足度につながるかかわり」（船越，2016）になるように支援することが大切になる。

　ところで，専門家として地域に出向いていくことは，地域にいる人たちからすれば専門家が「入ってくる」体験となる。心理職は，生活の場に足を踏み入れている意識をもち，生活者を尊重する態度をもち，相手の置かれている状況を十分に理解して関わりをもつことが重要である。その上で，専門家として何ができるのかについて一緒に考えていくのである。また，支援は医療・福祉・教育といったさまざまな専門家や，当事者の関係者となる非専門家との協力の中で展開される。心理職は，他の専門家や支援者とも対話をしていけるコミュニケーション力や，社会的技能について身につけていきたい。特にニーズを把握していく過程では，当事者や関係者にも意識されていない潜在的なニーズが刺激され，結果として当事者や関係者との間をさらに対立させてしまう可能性もある。そして，そのことがきっかけとなって当事者や関係者，地域全体が混乱することもあれば，逆に地域の中での課題が明確となり，地域にい

る人たちがその課題を引き受けていく覚悟をもち，専門家が見守る中で解決に向けて動き始める可能性もある。支援にあたる際はこのような点についても留意したい。

　そして，問題解決を急ごうとするのではなく，現実枠を踏まえ，当事者やその関係者のいる環境との間でどのような相互作用が起こっているのかについて問い直し，ニーズを理解していきたい。その結果，介入目的が明確になれば，支援の対象者や関係者への説明はわかりやすくなり，介入の方法について協議がしやすくなる。このように関係者が納得していくことで，支援のネットワークは機能できるようになる。

6. コミュニティへの支援方法

　地域における心理学的支援には，コミュニティの中にいる個人に対して直接的に介入し，支援を行っていく「直接的アプローチ」と，環境の変革のために，クライアントとその周辺にいる人たちや取り巻いている対人関係や社会的体系に対して，間接的に支援をしていく「間接的アプローチ」があるという。多様な心理学的支援を提供していくためには，「心の問題の発生予防」，「心の支援」，「社会的能力の向上」，「心理・社会的環境の整備」，「心に関する情報の提供」（山本，2001）について，コミュニティにいる人々のニーズに合うような適切な心理学的支援を考え出し，対象者に合わせて柔軟に提供していけるような発想をもっていきたい。

　地域支援を行う際の基礎理論としては，危機理論，ストレス理論，ソーシャルサポート理論，システム理論，行動理論，原因帰属理論・役割理論，ラベリング理論，ソーシャルネットワーク理論などがある。

　最後に，コミュニティ心理学に基づく代表的な支援方法について紹介する。

（1）アウトリーチ

　元来，ソーシャルワークや福祉サービスの提供においては，リーチングアウト／リーチアウトと呼ばれる手法であり，「接近困難な人（福祉サービスの利用に不安を感じていたり，否定的あるいは拒否的感情をもっており，ソーシャルワーカーがかかわることが困難な人）に対して，当事者からの要請がない場合でも積極的に出向いていき，信頼関係を構築したり，サービスの利用の動機づけを行う，あるいは直接サービスを提供する」（船越，2016）ことを示している。心理学的支援におけるアウトリーチとは，相談に訪れた来談者への対応を待つのではなく，心理職が出向いて巡回相談，訪問相談，研修や教育活動など，訪問することによって支援を行うことを意味している。教育領域では，幼稚園，学校，児童館や学童保育などに出向いて先生方の相談に応じていく巡回相談がある。児童相談所では，不登校状態にある児童生徒の家庭を訪問して遊びや勉強を一緒にしながら支援をしていく「メンタルフレンド」や「訪問相談」などの事業を行っている自治体もある。保健医療領域では，厚生労働省は 2004 年より精神障害者に対するモデル事業を開始し，2011（平成 23）年 4 月に「精神障害者アウトリーチ推進事業の手引き」を作成した。精神科医，保健師，看護師，作業療法士などの医療専門職に精神保健福祉士などの福祉専門職が多職種チームを編成しており，その中に臨床心理士も加わっている。アウトリーチはソーシャルワーク活動の中で展開されてきているが，背景が複雑で多様な観点からの検討が必要となるケースの場合，心理職も含めた専門職が共に考え，意見を述べて支援を行うことが求められている。

（2）コンサルテーション

　コンサルテーションは，「ある専門家（コンサルタント：consultant）

ともうひとりの専門家（コンサルティ：consultee）という2人の異なった領域の専門家の間で行われる相互活動」（小林，2014）のことをいう。コンサルティが抱えているクライアントの心理社会的課題について，コンサルタントはコンサルティが援助を展開できるように助言し，援助をしていく。たとえば，不登校にある児童への対応について教師がスクールカウンセラーに助言を求めてきた場合，コンサルティは教師であり，コンサルタントはスクールカウンセラーとなる。スクールカウンセラーは教師から事情を聴いて話し合う中で，助言をして援助を行う。この場合，スクールカウンセラーはクライアントとなっている児童に対して対応をしていくのではない。児童に対して対応をしていくのは教師であり，児童への対応（介入）に対する責任はコンサルティである教師の側にある。これは，コンサルティの専門性を尊重し，その力を強化していくコンサルティ中心のコンサルテーションといえる。しかし，スクールカウンセラーも児童との心理面接を行っていて，教師とは異なる立場でクライアントである児童に対して会っているプロセスがあり，その上でコンサルティである教師に対して意見や助言をする場合は，コンサルタントもコンサルティもクライアントに対して共に責任を負いながらのコンサルテーションとなる。このような場合は，クライアント中心のコンサルテーションといえる。

　このようにコンサルテーション関係のもつ基本的特徴は，「①異なる領域の専門家どうしの間で行われる対等な関係である．②始まりと終わりがはっきりしている．③コンサルタントは原則として局外者である．④課題中心で成り立つ」（小林，2014）に集約される。コンサルテーションは課題解決に向けてどのように取り組むかに焦点を当てていく。したがって，専門家同士であるコンサルタントとコンサルティの間には上下関係はなく，コンサルタントがコンサルティに対しカウンセリング

やスーパーヴァイズをしていく関係ではないのである。

（3）ソーシャルサポート・ネットワーキング

　ソーシャルサポートとは，問題を抱えている当事者に対して周囲にいる人たちが結びつき，支援を作りながら援助をしていく方法のことである。コミュニティ心理学では，ソーシャルサポート・ネットワーキングと呼ばれている。これは，クライアントの内的世界に働きかけていくのではなく，クライアントを取り巻いている生活の場，環境に対して働きかけていく方法である。この場合，クライアントの周囲にいる人たちとは，非専門家から専門家まで存在している。そこには，問題解決のために必要となる物資，お金，情報といった「道具的サポート」と本人の話を肯定的に聴くことで，共感し，配慮し，励ますといった言葉をかけることで，安心した気持ちになるように働きかけていく「情緒的サポート」に分けられる（橋本，2005）。このように，このアプローチでは，身近な人たちとのインフォーマルな関係からフォーマルな専門家による支援の活用まで援助資源として考えていく。丹羽（2007）は，クライアントを支えるために周囲の人たちと協働して支援にあたっていく4つの方法について述べている。

　①周囲の人々との面接やコンサルテーションを通して，既存のサポート資源を引き出す。

　②既存のネットワークからサポートを得られない場合は，新しいサポート源をクライアントにつなぐ（医療機関，療育機関，NPO，ボランティア組織に紹介する等）。

　③必要なサポート資源が存在しない場合には，新しいサポート資源をつくる（ピア同士をつなぐ，セルフヘルプグループの立ち上げと運営に協力する等）。

④サポート・ネットワークを調整する（役割の話し合い，連携等）。
ソーシャルサポート・ネットワークが広がっていくことは，単に問
題への対処方法について幅ができるという意味合いだけではなく，
地域（コミュニティ）における予防的な役割を果たしていくという
意味もある。

地域の中に入って支援を行う場合，クライアントの個人情報の取り扱
い方等の倫理や管理についても考える必要がある。また，非専門家や他
の専門家との協働が成り立つ関係を作っていくには，自らについて十分
振り返り，支援者としての態度について考え，技量について研鑽を続け
ていくことを忘れてはならない。

引用・参考文献

青木 紀久代（2011）．コミュニティ援助の発想　心理臨床学事典　日本心理臨床学
　　会（編）（pp. 480-481）　丸善出版

船越 知行（2016）．地域における心理援助と支援の基礎　船越 知行（編）　心理職
　　による地域コンサルテーションとアウトリーチの実践――コミュニティと共に
　　生きる――（pp. 2-39）　金子書房

橋本 剛（2005）．ストレスと対人関係　ナカニシヤ出版

Hillery, G. A. Jr.（1955）. Definitions of community：Areas of agreement. *Rural
　　Sociology,* 20(2), 111-123.

Klein, D.（1968）. *Community dynamics and mental health.* John Wiley.

小林 真理子（2014）．コミュニティ援助 1 ――基本姿勢と援助の方法――小野 け
　　い子（編著）　改訂版 心理臨床の基礎（pp. 193-204）　放送大学教育振興会
　　（放送大学印刷教材）

厚生労働省 社会・援護局障害保健福祉部 精神・障害保健課（2011）．精神障害者
　　アウトリーチ推進事業の手引き.

https://www.mhlw.go.jp/bunya/shougaihoken/service/dl/chiikiikou_03.pdf
（2020 年 2 月 15 日）

箕口 雅博（2011a）．現代社会と心の問題——臨床心理地域援助の視座——　箕口 雅博（編著）　改訂版 臨床心理地域援助特論（pp. 9-25）　放送大学教育振興会（放送大学印刷教材）

箕口 雅博（2011b）．臨床心理地域援助とは何か——定義・理念・発想・独自性・サービス提供のあり方——　箕口 雅博（編著）　改訂版 臨床心理地域援助特論（pp. 27-50）　放送大学教育振興会（放送大学印刷教材）

丹羽 郁夫（2007）．ソーシャルサポートとセルフヘルプ　植村 勝彦（編）　コミュニティ心理学入門（pp. 119-140）　ナカニシヤ出版

鈴木 広（1986）．都市化の研究——社会移動とコミュニティ——　恒星社厚生閣

高畠 克子（2011）．コミュニティ・アプローチ　東京大学出版会

植村 勝彦（1995）．コミュニティの諸概念　山本 和郎ほか（共編）　臨床・コミュニティ心理学——臨床心理学的地域援助の基礎知識——（pp. 2-5）　ミネルヴァ書房

植村 勝彦（2006）．コミュニティの概念　植村 勝彦他（編著）　よくわかるコミュニティ心理学（pp. 2-5）　ミネルヴァ書房

植村 勝彦（2007）．コミュニティ心理学とは何か　植村 勝彦（編著）　コミュニティ心理学入門（pp. 1-22）　ナカニシヤ出版

山本 和郎（1986）．コミュニティ心理学——地域臨床の理論と実際——　東京大学出版会

山本 和郎（2001）．臨床心理学的地域援助の展開——コミュニティ心理学の実践と今日的課題——　培風館

山本 和郎（2004）．コミュニティ心理学　氏原 寛他（編）　心理臨床大事典［改訂版］（pp. 1127-1130）　培風館

山本 和郎他（共編）（1995）．臨床・コミュニティ心理学——臨床心理学的地域援助の基礎知識——　ミネルヴァ書房

13 | 危機介入と心の健康教育

波田野茂幸

《**目標＆ポイント**》　私たちは日常生活の中で，期せずして「危機」に遭遇してしまうことがある。そのような状況に直面している個人や集団，地域社会に対して，迅速で適切な心理学的支援を行っていくためには，コミュニティ心理学に基づく独自の理論と介入方法を用いていく必要がある。

ここでは，危機介入についての理論と方法について概説をし，危機的状況を防ぐ予防的取り組みについても紹介していきたい。なお，教育領域においては，危機介入は「危機対応」や「緊急支援」といった用語が使われている。
《**キーワード**》　危機介入，トラウマ，ストレス，予防，心の健康，心理教育

1.「危機」という言葉

私たちは，誰もが日常生活の中で「危機」を感じた場面や経験が，少なからずあるだろう。しかしながら，「危機」という言葉に含まれる具体的経験や，心理的緊張感の程度，心理的影響などには，個人差があると考えられる。また，政治や文化も含めた個人が生きている集団や地域の状況による違いもあるのではないかと考えられる。たとえば，長らく紛争が続く地域で生きている人たちが感じている「危機」への感度と，そうではない場で生活をしている人々の意識では，「危機」という言葉に含まれてくる体験の質が異なるのではないかと思われる。

また，身近なところでは，子どもや高齢者への「虐待」が問題となっているが，「むごい扱い」を受けた側にとっては，それは「危機」そのものであろう。さらに，ボス（Boss, P., 2006）が呼称した「あいまいな

喪失（ambiguous loss）」からも危機状態が連想される。ボスは，行方不明になった家族や家族の生死がはっきりしないといった身体的に存在しなくなった場合，あるいは，認知症患者の家族の中には，患者が身体的には存在はしているけれども，以前のように周囲にいる者を認識してもらえなくなってしまった場合には，「心理的な喪失」を感じていると指摘した。

　心理職が地域に出向いて「危機」に対する心理学的支援を行っていく場合，クライアントがどのような危機状態にあり，それをどのように感じて，表現しようとしているのかという体験の質について意識を向けたい。支援者自身の危機イメージを超えた困難な状況を経験している人たちがいることを十分理解した上で，適切なアセスメントを行う必要があると考える。その上で，危機状態にあるクライアントへの支援が成り立つといえる。

　山本（1986）によれば，危機（crisis）という言葉は，そもそも語源的にはギリシャ語のカイロスからきており，ヒポクラテスが人の病気がよい方向に向かうか，さらに悪い方向に向かうか分かれ目の状態についての特徴を記述したことに由来しているという。「人生の危機」は思いもよらない形で突如起こり，私たちは混乱させられる。その結果，私たちはその体験から回復過程を見出し，新たな生きる上での術や構えを体得することもあれば，後々まで大きなダメージが残り，心身の不調を抱えていくこともある。

　たとえ「分かれ目」となる出来事に遭遇したとしても，できるだけ早期に危機状態による情緒的混乱から回復し，バランスを取り戻していけるように，事前に危機状態に対処できるよう備えていくことは大切である。

　最近では「危機意識」や「危機管理」という言葉を見聞きする機会も増えている。気候変動による自然災害が多いわが国では，地震のみなら

ず豪雨や台風などによる災害に対しても予め備えていく意識が高まっている。自然災害を経験し，未曾有の被害を体験した地域住民が互いに励まし合い，希望を抱き，世界中から多様な支援を受けて日常を取り戻していく様子を私たちは見聞きしている。このような災害からの復興過程の中で，地域住民同士の出会いが生まれ，関わり合いが増え，地域の中で新たなネットワークが形成されていくことも起きている。さらに，インターネットの活用によって，そのような人々のつながりは世界規模で共有される時代に入っている。誰しもに起こりうる可能性がある「危機」に対して，そこから学び，生きていく知恵を共有し備えていける時代になってきているといえよう。

2．危機理論と危機介入の目標

キャプラン（Caplan, G., 1961）は危機状態について，「人生上の重要目標が達成されるのを妨げられる事態に直面したとき，はじめに習慣的な対処方法，課題解決方法を用いて解決をしようとするが，それでも克服できない結果，発生する状態である。危機状態になると混乱と動揺がしばらく続き，その間，打開するためのさまざまな試みがなされ，結果的にはある順応が，その人自身や周りにとって最も良い結果をもたらすように，あるいはそうでない形で形成される」と説明した。高畠（2011）も，「危機状態とは，難問発生状況（hazardous environment）において，人が備えている対処方法では解決できない，情緒的均衡を揺さぶられた状態」としている。

危機状態の発生時には，最初にバランスがとれていた心の状態が揺さぶられる事態である「難問発生状況」が起こるが，この脅威は個人のパーソナリティ，状況の認知の仕方，対処のもち方，見通しの立て方といった経験値によっても状態が異なってくると考えられる。

このような難問発生状況は，進学・就職・結婚・子どもの誕生・子どもの独立・転職・定年退職など，ライフサイクルの中で新しい環境や場面において，これまでと異なる新たな対処様式が必要になった時に起こりやすい。あるいは，海外からの帰国や転居・移住といった環境移行に伴う文化的危機もある。また，病気や疫病，事故，天災や戦争など思いもしない事態や，親しい人の喪失などの突然の出来事に遭遇することによっても，個人の対処能力を超えた脅威にさらされる恐れがある。危機状態は家族のライフサイクル上での危機，学校など集団組織の中での危機，地域コミュニティにおける危機など，人々が活動をしているあらゆる領域で生じるのである。

このように，コミュニティ心理学においては，問題が生じた状況を理解して，その上で，迅速に即応的な予防的介入に基づく援助を行っていくのである。危機状態にはタイムリミットがあり，危機状態のピークにタイミングよく集中的に援助を行うことが有効とされる。適切な危機介入を行うことには，発生を予防する一次予防や早期発見と対処につながる二次予防の側面があるといえる。一方，先述したように，危機体験にはネガティヴな側面だけではなく，人格的成長がもたらされることや成長可能性も有している。危機的体験を通して，人は新たな対処方法を習得していく可能性もある。支援を行う側は，この点も留意して支援の内容や進め方について検討する必要がある。

3. 危機介入とは

危機介入とは，危機状態にある人や組織に対して問題発生状況を適切に理解し，その理解に基づいて即時に即応的に集中して働きかけを行うことで，危機から抜け出すことを目指している。心身のバランスが崩れてしまっている人をできるだけ早く，元の均衡状態へと回復させていく

ための援助を「危機介入」という。したがって，危機の原因は何かについて明確にし，危機を回避させていくことを直接的な目標としている。このような危機介入の目標がもたれるようになったのは，いくつかの歴史的な経緯がある。山本（2000）によれば，①戦争神経症の治療，②自我心理学の発展とリンデマン（Lindemann, E.）やキャプランによる予防精神医学的研究，③自殺予防運動による電話相談の展開，④フリークリニック運動などである。

　危機介入は，危機状態にある個人や組織についてアセスメントを行い，援助や介入計画を立て，モニタリングして評価を行うといった手順で介入を進めていく。その手法は個人への介入だけではなく，環境への介入も視野に含めたアプローチを行っていくのである。

（1）危機介入の進め方

　危機介入の進め方について，原（2017b）は以下5つの段階を指摘している。

①　危機状態の査定

　危機状態にある当事者が，その出来事を何と捉え認知しているのか，それに対してどう対処したのか，利用した社会的資源があるのかなども把握しながら，混乱や動揺の程度，問題解決能力などを見極める。

②　危機介入の方針検討，計画策定

　上記の査定に基づいて，介入の方針，計画を立てて，具体的な方法についても検討する。

③　危機介入の実行，推進

　介入の具体的な方針に基づき，本人と関係者との取り組みをしていく。この際には，支援にあたる専門家は，当事者が危機体験を言語化し感情を表明できるように働きかけつつ，客観的理解が促されるよう

にする支援を行っていく。新しい対処法やスキルの習得に関しても積極的に関与していく。

④　**評価，フィードバック，修正**

　介入した結果については評価を行い，結果が良ければ終結とし，成果が望ましくなければ計画を再検討や修正し，当事者が問題と取り組んでいけるように働きかけて，このプロセスを繰り返していく。

⑤　**開かれた終結と予防計画の策定**

　当面のバランス状態が回復し，当事者が状況を客観的に認知し，感情のコントロールがとれる可能性が確認できたら介入を終結する。この際に，この先に再び危機が起こった場合には援助ができることを保証して，開かれた終結を行う。

　吉武（2007）は危機介入の方法について，「①とりわけ，危機状態にある個人の『安全』に注意を払い，②即時の介入を目指し，③内面に深く入って面接を重ねる方法ではなく，直面している課題の解決に焦点を当てて，現実的で具体的な目標を設定するようにする。それは，短期に終結する相談活動である」と説明している。伝統的な個人心理療法の枠組みに依拠した心理療法やカウンセリングでは，内省を促し，丁寧な振り返りをセラピストとの関係の中で行いながら人格的な成長や治療を目指していくが，危機介入においてはそうではない。内面に深く関わっていくのではなく，直面している課題に関して現実的な目標を設定して短期間に必要な援助を集中して行うのである。

　危機への最初の介入は，専門機関ではなく危機に直面している本人がいる家庭や職場，地域などの中で行われていくと考えられる。したがって，危機状態に直面している人が利用しやすく，相談にすぐに応じ，援助を提供できるような環境整備がなされていることが大切となる。たとえば，24時間体制の電話相談のようにアクセスがしやすく即時に対応

できるような仕組みなどである。また，援助資源については，本人を取り巻く環境の中で活用できるものを総動員させて支援を提供する。本人を励まし当事者が自律的に相談を求めて動いていけるように働きかけることが大切になる。

（2）危機介入の実際と支援者の視点

　危機介入の実践においては，2つの大きな動向があるとされている（亀口，2004）。ひとつは，援助の担い手となる主体が，医療・福祉や心理等の専門性を有する「専門家」から地域にいる「非専門家」へと，もうひとつは，支援の実践の場が「施設内」から「地域社会」へという移行である（表13-1）。

　危機状態をプロセスとして捉えると，専門家と非専門家との関係，施設内から地域社会で区切られる4つの領域は相互に関連しあう動向となってくる。地域（コミュニティ）の中で心理学的支援を行う際には，この動向の関連を意識しながら，見立て（アセスメント）を作り，支援の計画を立てる参考にしていきたい。

　ところで，山本（1986）は，危機理論が地域臨床を実践していく上での鍵概念とし，心理職がコミュニティにおいて，臨床実践を進めていく際に以下の4つの視点をもつことで，より広く支援について検討できるとしている。

表 13-1　危機介入のタイプ

		実践の場	
		施設内	地域社会
担い手	専門家	クリニック型	巡回相談室
	非専門家	コミュニティセンター型	コミュニティ型

出典：亀口，2004，p. 1124

① **「成長促進的アプローチの視点」**

　危機理論では，健康な状態にある人が危機に直面した時にどのような状態になるかについて説明をしている。その状態にある人たちに対して心理職が心理学的支援を行う場合，危機体験に「成長促進可能性」がある点についても意識し，役割を果たすことも専門性であることを理解する必要がある。

② **「支援組織作りの具体化」**

　危機状態にある人たちへの支援を行う際には，適切な内容を適切なタイミングで提供していく必要がある。そのためには，危機的な状況が発生してから組織を作っていくのでは，必要なタイミングでの支援を受けていくことができない。必要なタイミングで支援が提供されていくためには，地域社会の中で事前に組織が作られている必要がある。地域にいる人たちがそのような意識をもっていけるようにしていくこと，支援組織を作っていけるように支援をしていくことも，地域臨床を行う心理職の役割であるといえる。

③ **「新しいサービスの開発」**

　危機理論によれば，これまでの問題解決手法ではうまくいかない状態にあり，心理学的援助を必要としている人たちの立場から，危機状態や地域の資源を考慮しながら，支援をどのように提供していけるかについて考えていき，新たな仕組みを開発していくことも心理職の役割になると考える。支援を求めているユーザーのニーズに合うものであるのか，支援に繋がりやすい相談の窓口となっているのかといったように，利用しやすいサービスを作っていく必要がある。そのためには，専門家が地域の生活者とよく対話をしていくこと，専門家と非専門家との協力が大切になるであろう。

198

④　「黒子としての専門性の生かし方の開発」

　地域支援で重要となることは，地域の中の生活者自身が自ら生活の場をよりよい環境として主体的に問題解決に向けて動き出していく主体性である。そのためには，専門家は，地域に対して「黒子」となって支援をしていくということである。危機状態にある人たちの周辺者や関係者に対しての支援（支援者支援）や，支援組織作りのオーガナイザーとなったり非専門家を支援したり，心理教育活動を通して地域内での意識作りを支援していくという役割を心理職は担っている。

　以上の指摘から，危機介入を行う際に心理職は，どのような対象に対して，何を目的に働きかけをしているのか，その援助目的に合わせた手法についても習得する必要がある。その上で，地域の中のさまざまな関係者とコミュニケーションをとり，関係を作っていける力を身につけなくてはならない。そして，対象となる当事者を見立てながら，安心して話をしていける場になるように，当事者の置かれている物理的状況や周囲との人間関係，時間やタイミングなどについても配慮をしながら，柔軟に構造を作っていく姿勢も求められるであろう。このような構造を作るには，地域にある医療や福祉といった社会的資源について知り，地域の専門家との出会いをもち，行政の仕組みや制度等についても学ぶ必要がある。

　このように，心理職は心理面接や関係者へのコンサルテーションの手法による関わりだけではなく，場合によっては，支援チームをどのように構成していくかについてもアイディアを練り，危機からの回復を援助していけるよう貢献していく必要がある。

（3）PTSD，災害時への介入について

　危機介入はあらゆる領域で想定されるが，特に心的外傷後ストレス障

害（PTSD：post-traumatic stress disorder）についてのケアは重要である。災害や事件，事故，暴力による被害を受けた場合，災害や被害を受けた直後に心的外傷後ストレス障害によるトラウマ反応が起こってくる。そのような出来事以前から精神疾患を有する人の場合，精神症状や不適応行動の増幅などがある。精神疾患を有していない人であったとしても，生死に関わるような大きな恐怖を体験すると，フラッシュバックが生じて当時の記憶や感情が再現されることで症状が起こり，日常生活に支障をきたす場合もある。災害や被害を受けた出来事の発生から2～3か月，あるいは半年ほど経ったあとに症状が起こってくる人もいる。その後2～3年を経て症状は落ち着いてくるが，中には慢性的な症状を呈する場合もある。したがって，PTSDへの危機介入には，症状を有する者に対しての治療的な関わりもあるが，そのような症状を引き起こす可能性のある者に対するカウンセリングや心理教育も大切である。

　また，PTSD症状の予防を目的とした「リカバリーモデル」に基づく介入についても注目されている。これは，「トラウマ体験後に失われがちな自己効力感を向上し，個人のレジリエンスを育成することで，トラウマ経験者自らが，復帰していくことを支援することの重要性を重視する」（井上，2016）とする考え方である。大規模な震災後の支援として，個人の成長促進に焦点を当てたトラウマケア・プログラムが実施されている。

　ところで，災害発生後の混乱時の中での支援として危機介入を行っていく場合には，他の専門職と協働して支援にあたることになる。したがって，心理職は他の専門職の支援に関して知ることも重要である。なお，最近では惨事ストレスへの対応に関して国際的にも手引きやガイドラインが作成されている。国連の機関間常設委員会（IASC：Inter-Agency Standing Committee）が作成した「災害・紛争等緊急時におけ

る精神保健・心理社会的支援に関する IASC ガイドライン」などがある。また，世界保健機構（WHO）は心理的問題に対して心理的応急処置（PFA：psychological first aid）という考え方を示し，「トラウマ的出来事によって引き起こされる初期の苦痛を軽減すること，短期・長期的な適応機能と対処行動を促進すること」を目的とした「PFA 実施の手引き（第 2 版）（National Center for PTSD/National Child Traumatic Stress Network)」を作成している。

　地域の中で危機介入を行う際には，次のような点についても注意をしていきたい。ひとつは，災害や被害を受ける前から精神疾患を有している者に対しては，危機介入の対応をしつつ，通常の診療を受けていけるように治療スタッフへと繋いでいくということである。以前と同様に服薬ができているか，受診ができているかなど，治療を継続していけるよう，声掛けをしていきたい。

　そして，子どもや高齢者，在留外国人への災害時 PTSD についても，心理学的支援を行う場合には配慮が必要になることも覚えておきたい。

　田中（2016）は，災害発生後の子どもに PTSD 反応が引き起こされる危険因子としては，「女児，被災の程度，家族の死などの喪失体験，災害に関連した親の心理的苦痛，被災以前のストレスフルな生活上の出来事，メディアへの過剰な暴露などが指摘されている」とし，子どもに対して心理学的支援の介入を行うためには発達段階に応じた心理的反応の特徴を踏まえる必要性があるという。心身に疾患や障害を有する子どもや発達障害を有する場合，ストレスを強く感じてしまい，環境への適応がうまくいかない場合もある。また，自分の心身の状態を言葉で表現できず，ストレスを感じていても言語化できないことも考えられる。したがって，精神的な症状だけではなく，身体的な変化がないかについて意識をしていきたい。また，被災地では家族と共に避難場所で過ごすこ

とを考えると，子どもの様子を見守っている家族へのケアも重要になる。

　なお，発達障害情報・支援センターのホームページでは，「災害時の発達障害児・者支援について」において，災害時の支援者の対応について説明されている。高齢者に対して災害時の心理学的支援を行う際には，特に認知症患者の症状の変化やせん妄については注意が必要になる。日本老年医学会は，「高齢者災害時医療ガイドライン」(2011) を公表している。高齢者にとって，災害時の避難所は日常の生活空間とは大きく異なる環境であり，ストレス状態になりやすい。特に認知症患者は環境が変わることで，せん妄が起こりやすくなる。さらに，在留外国人への心理学的支援については，コミュニケーションの問題だけではなく，彼らの生活習慣や文化的違いに関しても，被災当初から配慮が必要になる。

　最後に，支援を行っている支援者へのケアも重要になることを忘れてはならない。危機状態への心理学的支援を行っている支援者が被災者である場合もある。そもそも，支援にあたること自体が大変ストレスフルな状態にあり，二次的受傷の可能性が高い。災害時の支援を行う救急隊員等には，教育研修の中で心理教育を提供することやデブリーフィングが行われている。デブリーフィングとは，大規模な災害や悲惨な死傷事件，精神的に大きなショックなどを体験した急性期 (2, 3 日〜数週間) にある人たちに対して，不安や抑うつといったストレス反応は正常な反応であることを理解できるように支援していくことをいう。

　なお，ストレス災害時こころの情報支援センターのホームページには，「災害救援者メンタルヘルス・マニュアル」が公開されている。

4．予防的取り組みと心理教育

　これまでは危機状態への介入について述べてきたが，地域支援を行う
もうひとつの意義は，予防的地域援助を行うことにある。公衆衛生の概
念を精神保健分野に取り入れたキャプラン（Caplan, 1964）は，3つの
予防の類型を行った。第一次予防（primary prevention）は，精神的不
調が起こらないように未然に防ぐことが目的である。第二次予防（sec-
ondary prevention）は，疾病や障害を初期の段階で見つけて（早期発
見），早期に治療を開始する（早期治療）介入を行うことで，精神障害
の罹患期間を短縮させることを目的にしている。まだ明確な症状が現れ
ていない者や自覚がない者，支援を求めていく気持ちには至っていない
者が支援を受けていけるように，地域の中で理解や啓発活動に取り組む
とともに，地域の中で相談がしやすい場や機会を作ることが重要にな
る。第三次予防（tertiary prevention）とは，すでに症状を呈してお
り，機能障害がある人が，それ以上生活上の支障が広がらず，社会的な
不利益を被らないように防いでいき，コミュニティの中で日常生活を取
り戻していけるように支援していくことである。そのためには，コミュ
ニティ側の理解とどのように支援をしたり受け入れたりしたらよいのか
の準備状況を形成していくことも大切になる。

　キャプランの3類型は，予防と治療とが連続線上にあり，支援を行う
際の視点を提供してくれる意義があるが，3類型の境界について明確で
はないという指摘もある。この点を越えていこうと近年は予防について
新たな概念も見受けられる。たとえば，米国医学研究所（IOM：Insti-
tute of Medicine）では，精神保健における予防活動について新しい分
類を示している。その中では，予防を普遍的予防，選択的予防，指示的
予防に分けている（久田，2011）。普遍的予防とは，健康な状態にある

人々全体を対象にした取り組みであり，選択的予防とは普遍的予防よりも対象者が絞られ，発病の可能性が比較的に高いと考えられる要因を有する集団に対して行われる。指示的予防は，健康な状態にある人たちと比べて明らかにハイリスクな要因を有する集団が対象となる。選択的予防や指示的予防の対象者への介入を行う場合には，将来，発病の危険性が高いということを伝えていくことがスティグマやレッテルを貼ることにならないか，倫理的問題についても注意する必要がある。

　さて，このように発生する可能性のある問題を事前に予防することや，その解決に向けて役立つようにするために取り組む活動として心理教育がある。

　及川（2003）は，心理教育について，「現在および将来の問題の解決または予防に役立つように，対象者に心理学的知識や対処スキルを教授することを通して，よりよく問題に対処できるように働きかけるアプローチ」と定義している。

　心理教育の特徴は，問題の予防や再発の防止，集団を対象とした実施，問題を有する個人だけではなく，家族や周辺者なども心理教育を行っていく対象者に含めている点にある。

　心理教育を行っていく際のテーマ設定は，より具体的な問題と問題を取り扱っていくための全般的問題に分けて考えていく。前者は，心理的問題を抱えている個人に対する直接的な支援であり，後者は，その個人を取り巻いている周囲の家族や関係者といった環境への支援である。本人に関わっている周囲の人たちに介入していくことは，環境調整を行う意味合いがあり，個人の問題が発生しないように予防し，解決の手助けができる資源となるような役割が担えるようにしていくのである。

　心理教育では，問題に対する正しい知識や情報を得て，心理的ストレスに対する対処能力の向上や日常生活に必要な対処スキルの獲得を目指

す。そして，自己洞察を得ながら，主体的に援助資源を活用できるようになることを通じて，困難や問題を自分で解決していけるという自信（self-efficacy）を得て，自己決定をしていける力を育むのである。

　心理教育の進め方としては，指導者が知識や情報，対処法などを一方的に教授していくのではなく，グループでの話し合いやロールプレイなど体験的学習の方法も取り入れながら，異なる見方に触れ，他者の役割について理解できるように工夫をしていく。したがって，心理教育を展開している指導者はメンバーにとって，ロールモデルとなることを意識する必要がある。そして，メンバー同士が交流することによって，お互いを承認し合い，共感的な関係が作られサポートし合っていけるような場づくりをしていきたい。

　心理教育は，統合失調症の家族に対しての実施が長らく行われてきているが，保健医療の領域では，がん患者やHIV感染者，慢性疾患などを対象とした心理教育など，さまざまな疾患を対象として行われている。その他にも，不登校児の家族への支援，発達障害を有する子どもをもつ家族への支援，子育て支援，高齢者支援，遺族支援，若者支援など，社会が必要としているニーズに応じたテーマに対して，心理教育によるアプローチがなされている。地域で取り組むことで，個人の知識や対処スキルが向上するだけではなく，そのような力を備えた人材を育てていき，援助資源となっていくことにもつながっている。

　厚生労働省は，国民の健康づくりを目的として「健康日本21」を開始した。現在は2013年「健康日本21（第二次）」に基づいた取り組みを継続している。その中で，生活習慣病及びその原因となる生活習慣等の課題を9分野（栄養・食生活，身体活動と運動，休養・こころの健康づくり，たばこ，アルコール，歯の健康，糖尿病，循環器病，がん）に分けているが，「休養・こころの健康づくり」については，他の課題へ

の取り組みとも合わせて，心理教育による心理学的支援によるアプロー
チが役立つと考えられる。

　このように，心理教育による支援は，予防的観点を取り入れていくこ
とで，ヘルスプロモーションやストレスマネジメントなど，からだとこ
ころの健康への保持増進に貢献していける活動となるのである。

引用・参考文献

アメリカ国立トラウマティクストレス・ネットワーク，アメリカ国立 PTSD セン
　　ター：サイコロジカル・ファーストエイド実施の手引き，第 2 版（兵庫県ここ
　　ろのケアセンター（訳））2009.
　　http://www.j-hits.org/psychological/pdf/pfa_complete.pdf#zoom=100
　　（2019 年 12 月 20 日）
Boss, P.（2006）. *Loss, Trauma, and Resilience:Therapeutic Work with Ambiguous
　　Loss.*（中島 聡美他（訳）（2015）．あいまいな喪失とトラウマからの回復――
　　家族とコミュニティのレジリエンス―― 誠信書房）
Caplan, G.（1961）. *An approach to community mental health consultation.* Grune &
　　Stratton.（山本 和郎（訳）加藤 正明（監修）（1968）．地域精神衛生の理論と
　　実際 医学書院）
Caplan, G.（1964）. *Principles of Preventive Psychiatry.* Basic Books.（新福 尚武
　　（監訳）（1970）．予防精神医学 朝倉書店）
福森 崇貴（2011）．危機介入 日本心理臨床学会（編） 心理臨床学事典（pp.
　　496-497） 丸善出版
井上 孝代（2016）．トラウマケア／リカバリーの専門家養成のための国際連携プロ
　　グラム開発を目指して 井上 孝代他（編） トラウマケアと PTSD 予防のた
　　めのグループ表現セラピーと語りのちから――国際連携専門家養成プログラム
　　開発と苦労体験学の構築――（pp. 1-6） 風間書房
後藤 雅博（編）（2000）．摂食障害の家族心理教育 金剛出版

原 裕視（2017a）．危機理論　植村 勝彦他（編）　よくわかるコミュニティ心理学
　　［第3版］（pp. 78-79）　ミネルヴァ書房

原 裕視（2017b）．危機介入　植村 勝彦他（編）　よくわかるコミュニティ心理学
　　［第3版］（pp. 98-99）　ミネルヴァ書房

発達障害情報・支援センター（2018）．災害時の発達障害児・者支援について.
　　http://www.rehab.go.jp/ddis/災害時の発達障害児・者支援について/?ac
　　tion=common_download_main&upload_id=3808　（2020年2月1日）

Inter-Agency Standing Committee（2007）. IASC Guidelines on Mental Health and
　　Psychosocial Support in Emergency Settings（災害・紛争等緊急時における精
　　神保健・心理社会的支援に関するIASCガイドライン）
　　https://saigai-kokoro.ncnp.go.jp/document/pdf/mental_info_iasc.pdf
　　（2019年12月20日）

亀口 憲治（2004）．臨床心理的地域援助総論　氏原 寛他（編）　心理臨床大事典
　　［改訂版］（pp. 1124-1126）　培風館

厚生労働省．21世紀における国民健康づくり運動（健康日本21）.
　　https://www.mhlw.go.jp/www1/topics/kenko21_11/top.html（2020年2
　　月20日）

久田 満（2011）．予防の概念と予防的介入　箕口 雅博（編著）　改訂版 臨床心理
　　地域援助特論（pp. 51-64）　放送大学教育振興会（放送大学印刷教材）

箕口 雅博（編）（2011）．臨床心理的地域援助特論　放送大学教育振興会（放送大
　　学印刷教材）

光岡 征夫（1995）．危機理論　山本 和郎他（編著）　臨床・コミュニティ心理学
　　──臨床心理学的地域援助の基礎知識──（pp. 78-81）　ミネルヴァ書房

日本老年医学会（2011）．高齢者災害時医療ガイドライン（試作版）第2版.
　　https://www.jpn-geriat-soc.or.jp/saigaisien/activity/pdf/koreisha-saigai-
　　guideline-ikkatsu.pdf　（2020年2月1日）

及川 恵（2003）．Ⅶ 介入（3）：コミュニティモデル　下山 晴彦（編）　やわらか
　　アカデミズム・〈わかる〉シリーズ　よくわかる臨床心理学（194-195）　ミネ
　　ルヴァ書房

ストレス災害時こころの情報支援センター．災害救援者メンタルヘルス・マニュア
　　ル.

https://saigai-kokoro.ncnp.go.jp/document/medical_personnel02_1.html
（2020年2月1日）

高畠 克子（2011）．コミュニティ・アプローチ　東京大学出版会

田中 栄三郎（2016）．子ども・若者への支援　酒井 明夫他（監修）　大塚 耕太郎
　他（編）　災害時のメンタルヘルス（pp. 133-136）　医学書院

World Health Organization, War Trauma Foundation and World Vision
International（2011）. Psychological First aid：Guide for field workers.（国立精神・
　神経医療研究センター他（訳）（2012）．心理的応急処置（サイコロジカル・
　ファーストエイド：PFA）フィールド・ガイド

山本 和郎（1986）．コミュニティ心理学――地域臨床の理論と実際――　東京大学
　出版会

山本 和郎（2000）．危機介入とコンサルテーション　ミネルヴァ書房

山本 和郎（2004a）．危機介入　氏原 寛他（編）　心理臨床大事典［改訂版］（pp.
　216-219）　培風館

山本 和郎（2004b）．コミュニティ心理学　氏原 寛他（編）　心理臨床大事典［改
　訂版］（pp. 1127-1130）　培風館

吉武 清實（2007）．危機介入とコンサルテーション　植村 勝彦（編）　コミュニ
　ティ心理学入門（pp. 95-117）　ナカニシヤ出版

14 | 秘密保持と記録

橋本朋広

《**目標＆ポイント**》　カウンセリングにおける秘密保持と記録は，法や倫理の次元，社会契約の次元，心理学的次元においてさまざまな意味をもっている。カウンセリングにおける秘密保持は，クライアントのプライバシーを守り，カウンセリングへの信頼を可能にするが，注意義務や報告義務と二律背反的な関係をもつ。記録は，適切なカウンセリングの提供や連携を可能にしたり，スーパーヴィジョンの機能を果たしたりするなど，有益な意味をもつが，秘密保持と二律背反的な関係をもつ。秘密保持と記録に関するさまざまな二律背反とインフォームド・コンセントの重要性について学ぶ。
《**キーワード**》　秘密保持，プライバシー，注意義務，報告義務，記録，連携，スーパーヴィジョン，二律背反，インフォームド・コンセント

1. はじめに

　秘密保持と記録はカウンセリングの構成に関わる本質的な要素である。これまでの章で，傾聴・共感・見立て・アプローチ法など，カウンセリングで用いられるさまざまな方法と理論を見てきた。もしかすると，それらを用いれば，すぐにでもカウンセリングを実施できるように思われる方がいるかもしれない。しかし，単にカウンセリングの諸技法を用いて人と対話するだけでは，専門的なカウンセリングは実現しない。極端な言い方をすれば，カウンセリングの構成要素という意味では，技法や理論といったものは小なる要素であり，むしろ秘密保持や記録などのほうが大なる要素である。

　実際，秘密保持や記録に関連する事項は，セラピストの専門性を規定する最重要事項として位置づけられている。たとえば，公認心理師法は，公認心理師の法的義務として「秘密保持義務（第 41 条）」，「連携等（第 42 条）」，「資質向上の責務（第 43 条）」などを明記しており[1]，一般社団法人日本臨床心理士会倫理綱領は，臨床心理士が遵守すべき義務として「秘密保持（第 2 条）」，「対象者との関係（第 3 条）」，「インフォームド・コンセント（第 4 条）」，「職能的資質の向上と自覚（第 5 条）」を明記している[2]。

　これらの義務のうち，「秘密保持」は，クライアントの秘密を厳守することを求め，「対象者との関係」は，クライアントと専門的契約関係以外の関係をもたないこと，クライアントが知人などのような場合には他の専門家を紹介することなどを求めている。これらは，秘密を保持し，プライバシーを守ることが，カウンセリングという営みの専門性を根拠づける根本要素のひとつであることを示している。

　また，「連携等」は，クライアントがさまざまな領域のサービスを受けられるよう他の専門家と連携すること，カウンセリングで扱う問題に係る主治医がいる場合は主治医の指示を受けることを求めている。また，「インフォームド・コンセント」では，説明と同意を踏まえた上で契約することに加え，守秘義務が解除される例外状況を説明すること，業務内容について客観的で正確な記録をすること，情報開示請求がある場合には原則開示することなどを求めている。これらのことは，クライアントのプライバシーに関わる事柄を他の専門家と共有可能な情報として記録し，必要に応じてそれを用いて連携しなければならないことを示している。

　さらに，「資質向上」は，専門家としての知識と技能の限界を見極めるとともに，その向上に絶えず努力することを求めている。資質向上の

1　https://www.mhlw.go.jp/web/t_doc_keyword?keyword=公認心理師 &dataId=80ab4905&dataType=0&pageNo=1&mode=0（2020 年 2 月 14 日）
2　http://www.jsccp.jp/about/pdf/sta_5_rinrikoryo0904.pdf（2020 年 2 月 14 日）

ための訓練には多様な形態があるが，専門的なカウンセリングを実施する場合，非常に重要になってくるのがスーパーヴィジョンである（第15章参照）。スーパーヴィジョンとは，自身の行ったカウンセリング過程を他の熟練したセラピストに見てもらい，そこで何が生じているか，自分の関わりは適切かどうかなどを考える作業であるが，それを行う上で重要なのが面接過程の記録である。つまり，知識と技能を向上させカウンセリングの質を向上させるための必須要素という意味でも，記録はカウンセリングの根本要素なのである。

　以上からわかるように，秘密保持と記録は，カウンセリングの専門性を構成する根本要素である。それらは，法の次元や職業倫理の次元において義務として定められている。しかし，これらの要素は，単に専門家の資格を有しているために課せられる義務といったものではない。それらはカウンセリングの専門性そのものを本質的に構成する根本要素であり，だからこそ，法的にも倫理的にも欠いてはならない義務として位置づけられるのである。

　たとえば，もしセラピストが面接を通して知り得た事柄を安易に漏らす可能性があり，クライアントがその可能性に不安を感じているとすれば，それは決してカウンセリングにはなり得ないし，そもそも相談という事態さえ起こり得ない。同様に，セラピストが，クライアントにとって真に有益な援助とはどういうものかを考えることもせず，それゆえ他の専門家と連携することを視野に入れることもせず，やみくもにカウンセリングだけで問題を解決しようとしているなら，それはカウンセリングを的確に用いているとはいえない。さらに，カウンセリングで実施したことやクライアントの状態について何の記録もなく，その経過を総合的に把握もしておらず，それゆえカウンセリングの経過や成果をクライアントと共有したり，クライアントの心理状態を他の専門家に伝達した

りできないとするなら，それは的確な心理学的支援とはいえない。かように，秘密保持と記録は，カウンセリングの実践そのものを本質的に構成する根本要素なのである。以下，秘密保持と記録がカウンセリングの実践にとってどういう意味をもつか，詳しく見ていこう。

2. 秘密保持

　秘密保持の意味を考える際，いくつかの次元に分けて考えることが有益である。ひとつ目は法や倫理の次元，2つ目は社会契約の次元，3つ目は心理学的次元である。

　まず，公認心理師では，秘密保持義務が法的に定められており，違反した者は罰則が科せられ，登録取り消しなどの処分の対象になる。このような特定の資格に課せられる法的な義務は，一般には許されない特定の行為を特定の基準を満たした場合にのみ行うことができるよう法的な資格を与える場合の最低限の基準と考えられ，一般市民の保護をその目的としている（金沢，2018a）。つまり，法的義務としての秘密保持は，クライアントのプライバシーが侵害されたり，個人情報が漏洩されたりすることを防ぎ，クライアントの権利を法的に守っている。

　次に，日本臨床心理士会倫理綱領で見たように，秘密保持は職業倫理上の義務として位置づけられている。職業倫理とは，特定の職業集団が構成員の行為について規定し律するために定めた行動規範であり，相手を傷つけない，利用しない，自己決定権を尊重する，公平に扱うなど，クライアントの生命・幸福・人権などをより積極的に尊重するための内容を含む（金沢，2018a）。このような職業倫理的な意味での秘密保持は，隠すことに客観的・実質的な利益がある事柄を保護するという法的な意味だけではなく，専門家への信頼をもとにして打ち明けられた事柄を，相手の信頼を裏切ることのないよう漏らさないという，より厳格な

意味をもっている（金沢，2018b）。

　ところで，これらの秘密保持には例外がある。たとえば，「児童虐待の防止などに関する法律」は，第6条第1項にて児童虐待を発見した場合の通告義務を定めており，同条第3項には法律で守秘義務が定められている場合でも通報は守秘義務違反にはならないと明記されている。このように，他の法律との関係で秘密保持義務が解除される場合がある。

　また，一般社団法人日本臨床心理士会倫理綱領の第2条第1項は，守秘義務が解除される例外状況として「自他に危害を加える恐れがある場合」を定めている。これを職業倫理として重視するようになった背景には，クライエントの他害の可能性を知りながら守秘義務を優先し，結果他害が生じた事件に対して，裁判所が，専門家には危険を警告し，犠牲になる可能性のある人を保護する義務があるとした「タラソフ判決」がある。この判決をきっかけに，守秘義務の例外状況が認識され，人命が危険にさらされることを回避する義務（注意義務）が職業倫理に組み込まれるようになった（出口，2009，pp. 155-164）。

　社会契約の次元では，たとえば雇用契約に際して秘密保持が求められる。医療・福祉・教育・司法・産業など，どの職域でも，さまざまな形でプライバシーや個人情報が扱われており，それらの情報の扱い方が法によって定められている。当然，各職域で働くメンバーは，その職域を規制する法によって守秘義務が課せられる。公務員であれば国家あるいは地方公務員法によって守秘義務が課せられるし，スクールカウンセラー（SC）のような場合は，教育委員会との雇用契約上で守秘義務が課せられる。

　ただし，各職域の内部においては，セラピストは職場の管理者や雇用主に対して報告義務を負うことになる。たとえばSCは，クライエントに対しては守秘義務を負うが，学校長に対しては報告義務がある。SC

は，学校長からの委任を受けて生徒や保護者とカウンセリング契約を結ぶので，学校長は SC が何をしているのか把握する義務があり，SC は学校に自分が何をしているのか報告する義務がある。しかし，カウンセリングの内容を逐一校長に報告されるのでは，生徒も保護者も SC に相談することなどしないだろう。だからといって SC が学校に何も言わず，学校が SC に不信感を抱いたり，また学校が生徒や保護者について誤解したりするのでは，生徒や保護者にとって有益なカウンセリングとはいえない。したがって，SC は，雇用契約に際して，法や倫理，さらにはカウンセリングの機能という点で守秘義務がいかに大切であるかを学校長や関係者に説明するとともに，学校の運営や管理のためにどういう情報を報告する必要があるのかを丁寧に協議する必要がある（出口，2009, pp.55-62）。また，カウンセリングを利用する生徒や保護者に対して，守秘義務と同時に，校内での情報共有の仕方についても説明する必要がある。

　このような秘密保持と報告義務の葛藤は，あらゆる職域において生じ得る。しかし，両者はまったく相容れないわけでもない。なぜなら，どの職域でも，セラピストがひとりでクライアントを支援しているわけでなく，職場内のさまざまなメンバーが連携・協力し合ってクライアントを支援しているからである。したがってセラピストは，クライアントとカウンセリング契約を結ぶ際，クライアントに守秘義務（そして例外状況）について説明するとともに，職場内でどのように情報が共有されるのかを説明する必要がある。もし，これによってクライアントが，その機関におけるカウンセリングの意義や位置づけを明確に把握できれば，用途に合わせてカウンセリングを利用できるだろうし，必要であれば別の機関でカウンセリングを受けることを選択できるだろう。

　最後に，心理学的次元についていうと，秘密保持はカウンセリングの

効果を左右する核心的な要素である。ギャバード（Gabbard, 2010/2012, p. 68）は，「プライバシーの感覚は，精神療法の枠の本質的部分である。患者は，自分の秘密が保持されると感じない限り，最奥の秘密やもっとも恥ずべき空想を明かしたりしないであろう」と述べている。つまり，秘密保持の厳守が秘密の告白を可能にするのである。初期の精神分析においてフロイト（Freud, S.）がカタルシスを重視し，ユング（Jung, C. G.）が心理療法の第一段階を告白としたことからもわかるように，告白は，秘密を抱えて罪や恥の意識に苦しむ人を重荷から解放してくれるという意味でカウンセリングの基盤である。秘密保持は，クライアントがセラピストを信頼する根拠となり，告白という基盤的な作業を可能にしてくれる必須要件なのである。

以上からわかるように，秘密保持は，クライアントの人権を守り，クライアントの信頼に応えるとともに，クライアントに安心を与え，告白を可能にする。しかし，秘密保持には例外状況もあり，セラピストは，秘密保持と注意義務や報告義務との狭間で二律背反の葛藤に直面せざるを得ない。しかし，これらの点についてしっかり説明することで，かえってカウンセリングへの信頼を増す可能性がある。河合（2003）は，人間の全体存在に直面するセラピストは，二律背反的な現象について，双方の重要性を認め，矛盾を抱えながら，それらを相補的な役割をもつものとして見ていくことが重要である，と述べている。セラピストは，秘密保持にまつわる二律背反から目をそらすことなく，インフォームド・コンセントを得る作業を丁寧に行う必要がある。

3．記録

記録には，秘密保持と相反する側面がある。なぜなら，カウンセリングの内容を記録することで，本来はクライアントとセラピストしか知り

得ない事柄が，記録にアクセスできる人であれば誰でも知り得る状態に置かれるからである。したがって，もし秘密保持のみを考えるなら，一切記録を残さないほうが良いということになるだろう。しかし，社会の中で責任をもってカウンセリングを行うためには，記録は不可欠である。

　まず，法の次元でいうと，たとえば医療機関で医師の指示のもとに公認心理師がカウンセリングを行う場合，医師は医師法によって診療行為の内容をカルテに記載することが義務づけられているので，その指示のもとになされるカウンセリング行為の内容もカルテに記載する必要がある。同様に，教育・福祉・司法などにおいてカウンセリングを実施する場合も，職域活動を規定する法律によって経過や結果の記録が求められる。これらの職域ではさまざまな職員が定められた役割を務めており，自らの役割を通して他者のプライバシーを調査したり，それを他の職員と共有したりして，人々の幸福や人権に奉仕している。この際，一般には許されないプライバシーの調査などの行為が職員に許されるのは，人々の幸福や人権に奉仕することを前提に，その行為の内容・範囲・方法を法が定めているからである。記録は，職域活動を連携・協力して遂行するため，および諸活動が法に則って適切になされているかどうかをチェックするため，必要な行為のひとつとして定められている。

　また，倫理の次元でいえば，一般社団法人日本臨床心理士会倫理綱領は，第4条の「インフォームド・コンセント」において，業務内容について客観的で正確な記録をすること，さらにクライアントから情報開示請求がある場合には原則応じることなどを定めている。この条文の冒頭では，臨床心理士に「対象者の自己決定を尊重するとともに，業務の透明性を確保する」ことを求めている。記録は，業務の透明性の確保という観点から求められるのである。対象者の自己決定との関連でいえば，記録は，十分なインフォームド・コンセントに基づき契約がなされたか

どうかを確認する根拠になる。また，第5条の「職能的資質の向上と自覚」では，自分の知識と技術の範囲と限界を自覚すること，専門的行為を行う場合は標準的施行方法を用いること，自分の知識と技術で対応できない場合は他の適切な専門家や専門機関の情報を提供することなどが定められている。記録は，標準的施行方法が用いられたかどうか，対応の可否について適切な判断と対応がなされたかどうかを確認する根拠となる。倫理の次元において，記録は，専門家として確かな知識と技術をクライアントと社会に提供していることを保証する行為である。

　社会契約の次元では，記録は，その職場が業務を遂行するために必要な連絡や報告という意味をもつ。医療現場であれば，医師や看護師，さまざまなコメディカル・スタッフが，それぞれの業務を遂行する過程で患者のカルテにアクセスし，さまざまな専門職が記載した情報を利用して患者を多面的に理解し，自身の業務遂行に役立てている。そのため，医療現場では，単に法的に必要な最低限の事項だけではなく，チーム医療のために必要な情報を的確に記載するよう求められる。つまり，記録は，多職種の連携・協力を媒介し，チーム医療の質を左右する不可欠な情報と位置づけられているのである。この点は，医療に限らず，教育・福祉・司法・産業，さらには私設機関でも同様であろう。

　最後に，心理学的次元において，カウンセリングの記録は，その効果を左右する実質的な機能というぐらいの意味をもつ。第5章では，カウンセリングにおいて転移／逆転移が生じることを説明し，セラピストが転移／逆転移に巻き込まれつつ，そこでどのような力動が生じているのかを想像的に理解し，その理解を共有しながらクライアントの内省を促していくことが重要である，と指摘した。しかし，実際に2人で話し合っている場面では，絶えず互いの情動が入り乱れ，セラピストのほうも，自分が巻き込まれている力動を見直したり，その意味を多角的に思

考したりすることが困難になる。しかし，記録を書くことで，記録を書いている「私」と面接中の「私」との間に差異が生じ，記録を書いている「私」は，面接中の「私」と内的に対話しつつ，それとは異なる展望点をもつことができる（藤山，2003）。そして，そのような内的対話をすることで，セラピストは，クライアントがどのような生き方をしようとしているか，セラピストとどのような関係をもとうとしているか，そして，その関係は現在どのように展開し，その生き方や関係は今後どう変化していくかなどを見立てることができる（中村，2010）。こうして獲得される見立てを背景にもつことで，明確化・直面化・解釈などの介入が行えるようになるのである。このように，記録には，面接中の体験を第三者の目で見直し，その意味を捉え返すというスーパーヴィジョンの機能がある。実際，セラピストは，自身の面接について記録を書き，それをスーパーヴァイザーに見せ，面接の経過や力動をスーパーヴァイザーの視点から見直す作業を繰り返すことで，そのようなメタ的視点を内在化し，次第に記録しながら面接過程を振り返れるようになるのである（湊，2003）。

　以上からわかるように，記録には，カウンセリングにとって有益なさまざまな意味がある。しかし，それが秘密保持と相反する面をもつという点を忘れてはならない。そして，秘密保持と記録の二律背反性を踏まえながら，記録の仕方を工夫する必要がある。たとえば，記録は連携に不可欠であり，連携はクライアントの利益につながること，関係者以外には秘密は漏れないことなどを丁寧に説明することで，クライアントは安心してカウンセリングを利用できるだろう。この際，何が記録され，情報がどう共有されるのかを明確に説明することも大切である（金沢，2018b）。また，このような形で，カウンセリングにおける秘密保持には限界があることを示すことで，クライアントがすべてを吐露し，その

あとで後悔や不安に駆られたりするのを防ぐこともできる。

　なお，実際に業務で記録を作成する際には，セラピストは，業務で求められる記録内容や方法をしっかり把握し，それに基づいて自らの行為を正確かつ客観的に記録できなければならない。このような記録の仕方については，たとえば医療領域で用いられている SOAP（Subjective：主観的情報，Objective：客観的情報，Assessment：評価，Plan：計画）方式なども参考になる（一般財団法人日本心理研修センター，2019）。

　また，業務としての記録とは別に，セラピストは面接過程に関する個人的な体験を記録し，内的にスーパーヴィジョンを行ったり，その記録を素材として実際にスーパーヴィジョンを受けたりする。この記録は，セラピストのプライベートな体験についてのノートのようなものと位置づけられるが，その作成に際しても，個人情報を匿名化したり，保管を厳重にしたり，保管期限を定めて不用になったら粉砕処理したりするなど，情報漏洩に最大の注意を払う必要がある。また，これらの情報を実際のスーパーヴィジョンで見てもらう可能性がある場合，カウンセリングをより有効に進めるためにスーパーヴィジョンやコンサルテーションを受ける可能性があること，ただし，その場合は個人情報を匿名化し，限られた専門家との間でのみ共有することなどを事前にクライアントに説明し，了解を得ておく必要がある（金沢，2018b）。この作業も，クライアントがカウンセリングの全体像を理解し，安心してカウンセリングを利用したり，逆にカウンセリングの限界を認識したりするのに有益である。

　このように，カウンセリングは，秘密保持を自己の内なる本質としつつ，同時に記録という相反する要素をも自己の本質とし，その二律背反を内に抱えることで成立する高度に専門的な営みなのである。

引用・参考文献

出口 治男（監修）（2009）．カウンセラーのための法律相談　新曜社

Gabbard, G. O.（2010）．*Long-Term Psychodynamic Psychotherapy : A Basic Text,* 2nd edition. American Psychiatric Publishing.（狩野 力八郎（監訳）　池田 暁史（訳）（2012）．精神力動的精神療法　岩崎学術出版）

藤山 直樹（2003）．プロセスノートを書くという営み　精神分析研究，47(2)，147-152．

一般財団法人日本心理研修センター（監修）（2019）．公認心理師現認者講習会テキスト 改訂版　金剛出版

金沢 吉展（2018a）．公認心理師の法的義務と必要な倫理　福島哲夫（編集責任）公認心理師必携テキスト（pp. 9-15）　学研プラス

金沢 吉展（2018b）．守秘義務と情報共有の適切性　福島哲夫（編集責任）公認心理師必携テキスト（pp. 25-31）　学研プラス

河合 隼雄（2003）．新装版 臨床心理学ノート　金剛出版

湊 真季子（2003）．私にとってプロセスノートを書くこととは？　精神分析研究，47(2)，127-132．

中村 留貴子（2010）．心理療法における面接記録の書き方　こころの科学，153，日本評論社，25-30．

15 | セラピストとしての研修

| 大山泰宏

《**目標＆ポイント**》 セラピストになっていく研修（トレーニング）は，どのような過程を辿るのか，そしてそれぞれの段階，それぞれの研修プログラムにおいてどのようなテーマがあるのだろうか。セラピストは常に自分の職能を向上させていかねばならない。支援者は職能集団の中の一員としてどのような支え合いの中にあるのか，そして，どのような生涯研修を行っていくのであろうか。セラピストとして研修を受け続けるということの，セラピストとしてのアイデンティティとの関連を論じる。
《**キーワード**》 傷ついた治療者，演習と実習，スーパーヴィジョン，事例検討，教育分析，支援者のライフサイクル，継続研修

1. セラピストへの道

（1）傷ついた治療者

　この科目の受講者には，カウンセラーやセラピストを目指している方がきっと多いことであろう。セラピストは，決して楽な職業ではない。時によっては，生きるか死ぬかの瀬戸際にいるクライアントの命を預からねばならないことさえある。人の悩み，苦しみ，切なさにいつも向かい合っていることは，精神にいつも何らかの緊張状態が続くものである。しかも，収入はそんなに多いわけではない。お得な職業だからとか，楽でお金儲けができるからとかいう理由で志すには，割の合わない仕事である。

　それでもセラピストになろうというのは，何らかの決意がそこにある

からであろう。自分にとって，とても大切なことにそれが触れるからで
あろう。自分は順風満帆な人生を歩んできたから臨床心理士や公認心理
師になろうとした人は，まずいないであろう。何らかの紆余曲折があっ
て，流れ着くように学び始めた人がほとんどであろう。実際，心理士の
仕事をしている人は，以前は別の学問分野を志していたり，近接分野で
別の専門職に就いていたという人も多い。そこから心理士の道に転向し
たのは，積極的に自分の興味や能力を広げていこうという積極的な理由
もあろうが，それまでの自分の在り方や職能では行き詰まったからとい
う，止むに止まれぬ理由があることが多いようである。

　心理療法やカウンセリングを生業にすることに至るまでには，一人ひ
とりにドラマがある。その人の人生，心のありようと深く関わっている
のである。こうして「私」ということに深く関わっているがゆえに，そ
れは貴重な仕事たりえる。

　「傷ついた治療者（wounded healer〈英〉，verwundete Heiler〈独〉）」
という概念がある。C. G. ユングが提唱し（Jung, 1951），ユング派の
グッゲンビュール－クレイグが，ひとつの元型（アーキタイプ）として
位置づけた（Guggenbühl-Craig, A., 1971），セラピストの自らの傷が他
者を癒す力の源となっているという考えである。この概念は，ギリシア
の医神アスクレピオスの神話にちなむ。アスクレピオスは，最初は人間
として生まれついた。彼は死した母親の胎内から取り上げられて，かろ
うじて生を受けたといわれている。医者となったアスクレピオスは，そ
の並外れた医術で死者をも生き返らすほどであった。しかし，その行為
は世界の秩序を壊すということで冥界の神ハデスの怒りに触れ，ゼウス
の雷に打たれて死んでしまった。アスクレピオスは，死したことで神に
列せられ，彼を祀るエピダウロスの地の神殿は人々が治癒を求めてやっ
てくる聖地となった。

　臨床心理学では，こうした神話を通して人間のこころの道筋を理解するという方法をとることがよくある。長いあいだ人々に語り伝えられてきた物語には，脚色されない心の法則のようなものがヒントとして見て取れることが多いからである。アスクレピオスの話は，どのように読み取れるであろうか。もともと生と死の狭間を生きる運命をもって生まれたアスクレピオスは，その技術によって死者をも蘇らせることもできていた。しかしそれは，あくまでも技術がなせる技であった。これに対して，彼が死して神に列せられてからの治療はどうであろう。人々は，聖地エピダウロスの地にゆっくりと滞在して，夜は神殿の前で眠りにつく。その夢にアスクレピオスが現れて，どんな治療をすればよいのか，お告げをくれるというのである。

　ここでは，癒しを求めてやってきた人々が治療を受けるのではなく，アスクレピオスを待ち望むことを介して，自ら癒える力を呼び起こしているのである。そして眠りについて夢を見るということは，擬似的な死の体験である。昼間の意識が死したところから，自らの死を通して癒える力が出てくるのである（立木，2012）。

　アスクレピオスの誕生にまつわる逸話，そして彼が死して医神となったことには，死の契機が含まれている。このことは，「傷ついた治療者」をどう考えるかということに関して，重要な示唆を与えてくれる。「傷ついた治療者」の説明として，しばしば，治療者は傷つき（すなわち過去の逆境体験やトラウマ）があるほうが有能であるのだ，という誤解がある。確かに，自分の過去につらい体験があるほうが，クライアントの気持ちや考え方を理解し共感できるかもしれない。しかしながらこの考えでは，治すのはやはり治療者のほうであり，死す前のアスクレピオスの在り方に近い。「傷ついた治療者」の在り方はそれとは異なる。クライアント自身が自らを癒す力が，治療者という存在を通して活性化され

るのである。

　そのためには，治療者はどのような在り方でなければならないか。そこでは自らの「傷」への向かい合い方が重要となってくる。ユングは，「傷ついた治療者」を転移と補償作用の観点から説明している。ユングによると，治療者は意識の上では治療者であるが，傷ついているクライアントの姿に，自らの無意識の傷つきを投影している。これに対してクライアントは，治療者との関係性において意識の上では傷ついた人であるが，治療者に自分の無意識の中での癒し手を投影している。クライアントは，そのことを媒介として，自らの内的な治療者が活性化し，自らも癒すというのである。しかしながら，これもこれで誤解されやすい考え方である。クライアントが治療者を癒そうとすればよいのだとか，治療者は自らの傷つきをクライアントに開示したほうがよいのだとか，そういうことではない。現実の関係性においてクライアントが治療者を癒そうとしてしまえば，それは意識においての関係となってしまい，クライアントは自らの無意識に傷を抱えたままになってしまう。あくまでも実際の関係性においては，治療者とクライアントという関係に禁欲的にとどまり続けることによってこそ，内的な無意識の次元で，クライアントは治療者の無意識に対する，そして自身に対する治療者となりうるのである。そのときセラピストは，自分の傷を内的にしっかりと抱え続けておかねばならない。クライアントにセラピストとして向かい合うことで活性化したセラピスト自身の無意識の傷に対して向かい合い，自分に何が起こっているのかを理解し，そこを生き抜いていかねばならない。そのときにこそクライアントも，自分の無意識で活性化されている治療者を理解し，それを生き抜いていくことができるのである。したがってユングは言う，私たちは傷ついた治療者であるからこそ，一生学び続けなければならないのだと。

（2）心理学の知識－講義科目の意義－

　セラピストを目指すことにおいても，そして一生学び続けることにおいても，自らの傷を自覚し続けること，これがセラピストの宿命とでもいえるものである。自らの傷に無自覚であると，セラピストは治療者としての自分にのみ同一化してしまい，相手を病者に追い込み，自分は自我肥大した独善的な治療者となってしまうであろう。自らの傷に囚われすぎると，クライアントとしての自分に同一化することになってしまい，クライアントから癒される逆転した不健全な関係になってしまい，そもそもセラピストとしての役目は果たせないであろう。アスクレピオスが摂理に反しても人を生かしたような自我肥大であってはならず，また，死したままであってもならないのである。眠るということが象徴的に死すことであるように，夢を見るということが，「死」を意識から分離して（意識が死に呑み込まれず）なおかつそれに触れ続けるということであるように，自分の傷との関係の取り方は，とても微妙で繊細なものである。

　セラピストになろうとして学んでいく上でも，このスタンスは重要である。セラピストになろうという者は，自分を癒すために学ぶのであってはならない。学んだ結果として自分が癒されることはあるかもしれない。しかしながら，自分の傷を癒すということだけが意識に出たり，学びを自分の傷つきと結びつけすぎて進めてしまうと，それはやはり傷つきの現実化であり，囚われていることである。この意味で，まずは基礎的な心理学を学ぶということは重要である。さまざまな心理学的な概念を学んでいくことは，もしかすると無味乾燥で，人間のこころの生々しさからは遠いように思えてしまうかもしれない。実際，センスの良い資質をもつ訓練生で，基礎的な心理学を学ぶことが退屈であると感じる人は多い。しかしながら，自分自身へのこだわりということからいったん

離れて，先人たちが心や心の傷にどのように取り組んできたのか謙虚に
学んでいくことは，「意識」を鍛えていく上でとても重要なことである。
「意識」がしっかりとトレーニングされていることが，まさに無意識の
冥府に深く潜っていくときの護りとなり力となる。また，無意識に安易
に自分を譲り渡してしまうのではなく，ぎりぎりのところまで意識化を
努力することができてこそ，無意識の力が必然的に働くことができるの
である。

　公認心理師の教育カリキュラムは，臨床心理士の教育カリキュラムに
も増して，基礎的な心理学的知識として学ぶことが多い。だが，それら
を学べばセラピストになれるのだということではない。強い矢を放つに
は，その前提として，しっかりと強い力で弓を引いて保つことが必要で
ある。セラピストにとって心理学の知識とは，この「引き」のようなも
のであるといってもよいであろう。それだけで矢を放つことができるわ
けではないが，安定した強い矢を放つためには必要な条件である。そし
て，引き絞った弓の弦を適切に放つことができるためには，また別のト
レーニングが必要である。

（3）セラピストとしてのトレーニング―演習から実習へ―

　矢を放つトレーニングは，当たり前のことであるが，実際にそれを行
うことでしか得られない。「弓を引く」ことが，コントロールであり持
続であり意識であるとしたら，矢を放つことは，コントロールを離れた
瞬間に賭けることであり，一瞬であり無意識的である。「弓を引く」こ
とは，セラピストとしてのトレーニングでは，講義科目の学習にあた
り，「矢を放つ」ことが演習や実習に当たるであろう。構えや考え方を
学んだ後に，実際にやってみるという行為を通して，それを振り返って
矢を放つことを学んでいくのである。

　講義科目の座学と演習や実習との乖離を埋めるのは，実はなかなか難しい。座学では有能で良い成績をとっていた人が，実習に入ったとたん，失敗を繰り返したり萎縮してしまったりということは，心理職のみならず，他の対人支援専門職のトレーニングにおいても，よくあることである。自分の未消化な部分，自分の弱さや「傷」といったものが図らずも露呈してしまい，それに向かい合わねばならなくなることもしばしばである。

　意識で熟考するのではなく，矢を放つという一瞬の行為においては，「傷ついた治療者」としての傷の部分が，すなわちその人の無意識が布置されやすい。意識で考えるという制御の仕方ではコントロールできないのである。しかし，思わず布置される自分の傷にしっかりと向かい合っていけば，クライアントの内的治癒の能力を活性化することにつながる潜在力を秘めたものなのである。

　学部段階の演習や実習では，ロールプレイやグループワークを行ったり，表現療法などを体験したりする。公認心理師のカリキュラムの場合，実習は，現場の見学実習である。いずれも実際に自分が動きつつ，それをあとで振り返って学ぶことになる。これは，路上教習（実際のクライアントを担当する）に出る前の，教習所の中での練習のようなものである。すなわち，護られた場所で怖々とではあるが，クライアントへの問いかけや関わり方で留意すべき点やノウハウをシミュレーションで学んでいくという面である。だが「傷ついた治療者」ということからみると，もっと重要な意味がある。演習や実習はいくらシミュレーションであるとはいえ，実際に他者と出会い関わるという点ではリアルである。そこでは，自分でいくら意識的に構えていても，コントロールしようとしていても，思わず「傷」が現れ出ていたり，知らないあいだに布置されていたりする。そのことに，事後的に気がつくのである。

　演習や実習において，お互い（相手と自分）の傷をかばい合ったり，見ないようにしたり，あるいはそのことで相手を非難したりするのは，心理療法のトレーニングとしては，筋違いである。いずれも傷を否定することになっているからである。自分の傷を認めて向かい合っていかねばならないのだが，それは，つらいことや痛いことに頑張って目を向けて直面化するというような気合いや頑張りによってなされるものではない。傷も含めて，お互いが相手を尊重し合っていくことこそが，最も大切であるように思われる。演習や実習においては，実際のセラピーのように，セラピスト－クライアント関係が固定されているわけではない。それらは，相互に頻繁に入れ替わっていく。訓練生は，「意識としての治療者－無意識としての患者」，「意識としての患者－無意識としての治療者」のいずれも体験していく。「無意識としての患者」としての傷が布置されると同時に，「無意識としての治療者」も布置されるのである。傷が布置されるばかりでなく，治癒能力も布置されていくのである。真にお互いが尊重し合い，それぞれが生き抜いてきたことを大切にし合う場とは，ロジャーズがエンカウンターグループにおいて重視したことである。そこで動きだす自己成長の力と，演習や実習の中での関わりから動き出す力は，別のことではない。

2．臨床実践を通した学び

（1）臨床心理学教育の現場での複数の指導

　公認心理師であれ臨床心理士であれ，セラピストとしてのトレーニングは，大学院に入ってからさらに本格化する。学部での演習と実習が終わったあと，大学院では臨床の現場での実習という「実践」がトレーニングの主となるのである。公認心理師であれば，医療福祉や教育等の現場での実習が多く行われるであろう。臨床心理士であれば，大学の心理

相談室といった実習施設などでの臨床心理面接の実践が非常に大切である。いずれにしても，これらの実践・実習では，実際の支援対象者，すなわちクライアントを担当することで学んでいくのである。まだ訓練中の身であっても，クライアントからは「先生」と呼ばれ，そこに責任の重さを感じるであろう。こうした実践を通した学びを支えてくれるのが指導者たちである。

　まず実習を行う現場には，実習指導者がいる。臨床心理士や公認心理師の資格をもっている人で，訓練生が現場で行う実習に関して，そのプログラムをアレンジしてくれたり，具体的な指導をしてくれたりする人である。自分たちの大切な心理臨床の場に実習生を立ち会わせ，クライアントや患者の相手をすることを許して見守ってくれるという，重い責任を果たしてくれている。実習の場は，心理職だけがいるわけではない。実習生を受け入れるには他職種や施設の管理者との丁寧な調整が必要であり，実習を行う上でも他職種と関わる機会も多い。たとえ実習生といえども，他職種から見ると心理職に関するイメージを形成するものである。したがって実習指導者による実習生の指導は，まさに自分たちの職能やアイデンティティに直接関わってくる重要なものであり，そうした覚悟をもって引き受けて指導をしてくれている。実習生は，直接指導を受けることばかりでなく，その背中から学ぶことも多いであろう。

　現場実習を行う上で，大切な役割を担ってくれるもうひとつの立場の人たちが，スーパーヴァイザーである。実習指導者は，実習現場で指導を行うのに対して，スーパーヴァイザーは，実習場面とは別のところで，実習・実践に関して実習生からの報告を聞き，それに関して指導助言を行う。こうした指導助言のことを，スーパーヴィジョンという。いかなる心理学的支援においてもスーパーヴィジョンは大切であるが，とりわけ心理面接においては必須のものである。心理面接は，その最も基

本的な形では，セラピストとクライアントの 2 人だけの密室で行われることが多いので，その場に指導者や他者が居合わせることがない。したがって，実習生は面接の経過を事後的ではあるがスーパーヴァイザーと共有して，面接で何が生じているのか，どう解釈するか，どのように次は関わっていったらよいのかについて，こまやかに検討するのである。心理面接は転移や逆転移といった，本人にも気づきにくいような心の深い動きが生じやすく，またそうした転移感情はしばしば本人の社会的な人格よりも，より幼く衝動的なものである。そうした困難な過程に丁寧に他者が同行し支えてくれるということは，大切なこととなる。スーパーヴィジョンには，より経験を積んだ実践者が教え導いてくれるという教育的な役割があると同時に，心理的に支えてくれるという役割もあるのである。

　さて現場での実習を行う上で，3 つめの大切な役割を担ってくれるのが，実習指導教員である。実習指導教員は，実習指導者，スーパーヴァイザーとはまた別の形で，訓練生の成長に同行してくれる存在である。実習は訓練カリキュラムの中のひとつである。訓練生がセラピストとして成長していくためには，他の学科での学習も含めて，その学びを総体としてコーディネイトしていく必要がある。スーパーヴィジョンや実習を，訓練生の学びと成長につながるよう，アレンジしたり調整したりすることも必要であろう。そうした役割を実習指導教員は担うのである。

　実習指導教員とスーパーヴァイザーは，別々の教育機能をもつ存在ではあるが，実習指導教員がスーパーヴァイザーの役割も担っている訓練機関も多い。しかしながら，成績評価などの利害関係とは無関係に，純粋に事例に集中して検討できるという意味でも，セラピストとしての訓練の上では，指導教員以外から，スーパーヴィジョンを体験することが推奨されるであろう。

（2）事例検討（ケースカンファレンス）

　心理学的支援の経過や展開過程は非常に複雑である。また，心理学的支援を必要とする状態に影響を与えている要因も多様である。こうした複雑な事象を理解し，そこから学んでいく上では，一つひとつの事例を詳細に検討していく事例検討（ケースカンファレンス）という方法が有効である。

　事例検討は，心理学的支援の実践と教育の多様な場面で行われる。実践の現場では，心理面接にせよ地域援助にせよ，心理学的支援の対象となっている事例（人である場合もあれば，事象や出来事である場合もある）について，それに関わっている多職種の支援者が見立てや方針について意見を交換したりすることは日常的に行われている。こうした日常の業務遂行の一環としての事例検討のほかに，さらに教育・研修としての目的のため，日常とは別に特別に時間をとって，誰かが自分が担当する事例を発表し，それに直接関わっていない支援者たちも参加し，事例検討会が行われることもある。このセッティングの場合，外部からコメンテイターが招かれることも多い。

　事例検討は，実践の現場で行われるばかりでなく，心理職の継続的な教育・研修のために不可欠である。臨床心理士や公認心理師の資格取得後も，多くのセラピストが自主的に継続的に事例検討を行っている。事例検討に参加することは，まず心理学的支援の実践例を豊富に疑似体験できるという意味がある。心理学的支援は1回限りではなく，とりわけ臨床心理面接の場合は，長期間にわたることが多い。したがって1人の心理職が担当できる事例数というのは，おのずと限られてくる。そこで他の人が担当した事例について詳細に聞くことは，経験事例数を増やしてくれる。また他の人の事例に接すると，その関わり方から学べることも多い。自分の関わり方と対比して考えることで，気づくことも多い。

さらには，他の参加者が，その事例をどう見立てるのか，どのように「読む」のかということから学べるのである。

　自分が事例を発表するときには，なおさら学びは多い。膨大なボリュームになる事例の記録を事例検討用にまとめていくという作業を行うだけで，事例を見直すことができ気づくことが多い。事例をまとめるということは，事例を語り直すということであるが，そこに自分の事例の見方や理解の在り方が自ずと現れてきて，それも検討の対象となる。そして参加者やコメンテイターからコメントをもらうということは，自分の気づかなかったことに気づかせてもらえ，理解が深まる。そればかりでなく，自分の事例を開示して他者に共有してもらい，共にそこでの物語を紡ぎ出してもらうことは，心理的なサポート，仲間に支えられているという心強い感覚につながることも多い。

（3）教育分析

　セラピストとなっていく上でのトレーニングで，教育分析（training analysis）を受けるのも意味あることである。教育分析の位置づけに関しては，学派によって，あるいは国によって差がある。精神分析では，教育分析は訓練の上で不可欠なものである。人は誰でも完成された人格となるわけではない。一生涯，何らかの不合理なこだわりや未発達な心の部分を抱えているものである。そもそもセラピストを目指す動機となったものがそうであろう。したがって，他者の心のケアをするのであれば，まず自分の心を最低限は相手に迷惑をかけないくらいは，整えておく必要がある。そうでなければ，クライアントを自分の心の混乱に引き込んでしまうことになってしまうからである。また，自分がクライアントの立場として分析を受けることは，クライアントがどんな体験をするのか，転移というものはどのような事態なのか，無意識というのはど

んなものなのか，身をもって知ることになり，それがセラピストとしての共感能力や読みの力になるのである。諸外国では，実際にクライアントをもつようになる前に，一定時間の教育分析を受けることは必須となっていることが多い。

これとは逆の立場として，教育分析は，セラピストとしてのある程度の経験を積んでから受けたほうがよいという考え方もある。あまりにも最初から自分のことに目を向けすぎて意識する癖がついてしまうと，セラピーにおいて無意識の自然な流れに身を任せることができなくなるというのがその理由である。あるいは，「自己」というものは，それだけに目を向けても空虚なものにすぎず，あくまでも関係性において現出するものであるので，セラピーの中に自ずと自己のテーマは現れてくる，したがって，スーパーヴィジョンを通して自己分析も可能であるという考え方である。「傷ついた治療者」の考えによるならば，セラピストの傷つきは，心理療法の関係の中で無意識的関係として布置されていくので，意識の上でクライアントとしての役割になるのではなく，心理療法にセラピストとして関わることを通してこそ，自己治癒が展開していくというのである。ユング派の河合隼雄は「（教育分析は）あまり若いときに受けるのは好ましくないと思われる」と述べている（河合, 1991, p. 268）

いずれが適切な考え方であるのか，それを決定することはできない。学派によって心理療法の展開の読みとクライアントへの関わり方が異なっており，セラピストに何が望まれるかが異なっている。トレーニングも，そうした心理療法の全体像の中で位置づけられ考えられるべきものであろう。

3. おわりに― 一生を通じての研修

　公認心理師や臨床心理士の資格をとれば，それで研修は終わりという
わけではない。セラピストとしての研修は，一生涯続くものである。臨
床心理士には5年ごとの資格更新制度があり，資格を継続するためには
一定基準以上の研修を受けるべきことが制度として義務づけられてい
る。公認心理師には更新制度はないが，公認心理師の職能に関わる知識
と技能の向上に努めるということが，公認心理師法によって定められて
いる（第43条　資質向上のための義務）。

　継続研修が必要なのは，心の健康を取り巻く環境が時代によって変化
していくからだという理由ばかりではない。心理学的支援の根本にはカ
ウンセリングがあること，そしてカウンセリングは人と人との関係があ
るということ（第1章）を思い出してほしい。セラピストが中立性と匿
名性を保つとしても，セラピストは人間としてのライフサイクルを生き
ている人であり，年々年をとっていく。たとえば若い頃には思春期の子
どもたちに，お兄さんやお姉さん的な関係を基礎として接することがで
きていたとしても，10年20年経つとお父さんやお母さん的な位置にな
らざるを得ない。40年50年経つと，お祖父さんお祖母さん的な位置に
なるであろう。セラピストとして経験を重ね熟練していったとしても，
若い頃にできていたようなことはできなくなるかもしれない。しかし，
若い頃にできなかったことができるようになる。このように，ライフサ
イクルの展開によって，新たな人間関係が生まれてくるのであり，セラ
ピストは一生変化し続けて学び続けなければならないのである。

　また，経験を積んでいけば人間はどうしても，自分の過去の経験や知
識を通して，物事を理解し解釈するようになっていく。熟達するという
ことは，安定した仕事ができるようになることであると同時に，新たな

234

ものに開かれにくくなっていくということである。その意味でも，継続研修によって新しいことを学び続けることは必要である。

　最後にもうひとつ付け加えておきたい。人間は不完全な存在である。一生涯，未熟な部分があり，心のどこかに傷つきを抱えている。セラピストとして，どんなに訓練を積んでいってもそうである。心理療法を行っていくということは，どこかしら自分の心の傷をうずかせながら，それを通してクライアントに出会っていくという面をもっている。セラピストとしてのトレーニングの根本は，自分の心の傷口をいつも開かせておく状態にしておくということであるように思える。教育分析は，自分の心の未消化な傷を解消して，セラピストとして完全無欠になっていくことを目指すものではない。トレーニングを重ねて，心の奥に降りていけばいくほど，自分の不完全や自分の傷に気づいていかざるを得ない。しかしそれに足を掬われてしまわない強靱でしなやかな心と眼差しをもつこと，そして，クライアントの苦悩を，「人ごと」ではなく「自分ごと」として，自分の中にある同じような苦悩に気づきつつ，そこに希望をもって生き抜きクライアントに関わっていくということを，大切にしたい。そこにこそ，本当の意味でセラピストとクライアントの心の連帯が生まれるであろう。

引用・参考文献

Guggenbühl-Craig, A. (1971). *Macht als Gefahr beim Helfer*. Psychologische Praxis Schriftenreihe für Erziehung und Jugendpflege. (樋口 和彦・安渓 真一（訳）(1991). 心理療法の光と影——援助専門家の「力」—— 創元社)
Jung, C. G. (1951). Grundfragen der Psychotheapie. *GW*, 16, 119-132.
河合 隼雄 (1991). 心理療法序説　岩波書店
立木 鷹志 (2012). 夢と眠りの博物誌　青弓社

索引 |

●配列は五十音順，＊は人名を示す。

分担執筆者紹介

（執筆の章順）

波田野 茂幸 （はたの・しげゆき）

・執筆章→ 4・11・12・13

1967 年	新潟県に生まれる
1993 年	早稲田大学大学院人間科学研究科健康科学専攻修士課程修了（人間科学）
2007 年	国際医療福祉大学大学院医療福祉学研究科臨床心理学専攻准教授
現　在	放送大学准教授，臨床心理士，公認心理師
専　攻	臨床心理学，児童思春期臨床，教育相談臨床
主な著書	介護現場のストレスマネジメント　組織のラインケアによるスタッフへの支援（分担執筆　第一法規）

橋本　朋広 (はしもと・ともひろ)
・執筆章→5・7・9・14

1970 年	福島県に生まれる
2000 年	大阪大学大学院人間科学研究科（博士後期課程）教育学専攻修了
2000 年	大阪大学大学院人間科学研究科助手
2002 年	京都ノートルダム女子大学人間文化学部生涯発達心理学科専任講師
2005 年	大阪府立大学人間社会学部助教授
2017 年	大阪府立大学大学院人間社会システム科学研究科教授
現　在	放送大学教授，博士（人間科学），臨床心理士，公認心理師
専　攻	臨床心理学，心理療法，心理アセスメント
主な著書	心の教育とカウンセリング（共著，山本昌輝編著，八千代出版） 風土臨床（共著，青木真理編，コスモス・ライブラリー） 心理療法の彼岸（共著，山本昌輝・青木真理共編著，コスモス・ライブラリー） 心理療法と祈り（共著，山本昌輝編著，コスモス・ライブラリー）

編著者紹介

大山　泰宏 （おおやま・やすひろ）
・執筆章 → 1・2・3・6・8・10・15

1965 年	宮崎県に生まれる
1997 年	京都大学大学院教育学研究科博士課程研究指導認定， 京都大学高等教育教授システム開発センター助手
1999 年	京都大学高等教育研究開発推進センター准教授
2008 年	京都大学大学院教育学研究科准教授
現　在	放送大学教授，博士（教育学），臨床心理士
専　攻	心理臨床学
主な著書	心理療法と因果的思考（共著，岩波書店） セラピストは夢をどうとらえるか―五人の夢分析家による 同一事例の解釈（共著，誠信書房） 日常性の心理療法（単著，日本評論社） 生徒指導・進路指導（編著，教職教養講座　第 10 巻，協同 出版）

放送大学教材　1529501-1-2111（テレビ）

心理カウンセリング序説
—心理学的支援法—

発　行　　2021 年 3 月 20 日　第 1 刷
　　　　　2021 年 7 月 20 日　第 2 刷
編著者　　大山泰宏
発行所　　一般財団法人　放送大学教育振興会
　　　　　〒 105-0001　東京都港区虎ノ門 1-14-1　郵政福祉琴平ビル
　　　　　電話　03（3502）2750

Printed in Japan　ISBN978-4-595-32248-8　C1311